JN065077

4訂版
災害時の情報活動マニュアル

消防職員のための広報・情報管理

監修　東京消防庁

目　　　　　次

第1章　情　報

第1節　情報の概念

第2節　情報収集の基本

第2章　情報収集活動

第1節　情報伝達

第2節　情報収集要領

第3章　広報，報道

第1節　現場広報

第2節　報道対応

第1章

情　報

第1節 情報の概念

第1 情報と消防活動

　災害現場における消防上の情報とは，災害現場全般の状況を早期に推定するための資料であり，個々の事案は全般を掌握するための部分的なアプローチであり，確認されていない事案を直接あるいは間接にうかがわせる資料である。

1 情報活動

　多種多方向から収集した雑多な資料を集め，情報までに高める間のいろいろなプロセスやパターンの作業が，情報活動である。情報活動は，もともと軍事の分野で発達してきたものであり，戦いに臨んで敵より優位な情報を入手し，それを有効適切に活用することが勝利の要訣とされていた。戦いは武力と勇気が最も重要な要素には違いないが，その前提となるものは敵の可能行動を察知して，自分の企ては敵に知られないようにする「知恵の戦い」情報攻防戦であった。

　情報活動で重要なことは，自分から積極的に情報を収集することであって，黙って待っていては入手できないのである。

　情報活動は，2種に大別され，その一つは積極的情報活動であり，他の一つは防衛的情報活動である。

　このうち，消防活動における情報活動は主として前者の積極的情報活動であるが，近年は，防衛的情報活動にも意を払う社会的背景が生じつつある。

図1

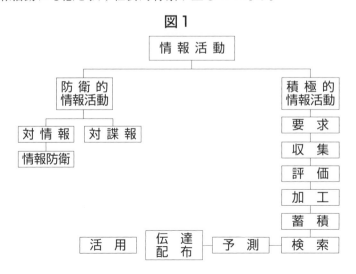

② 消防活動における情報

　火災現場等においての情報は，常々火災等の推移（変化）に応じた情報を的確に入手することが必要で，時機を失した情報は意味のないものとなる。消防活動における情報活動は，人の命を救い災害による損害を少なく押さえ込むために，短時間に多くの情報を集める必要がある。それを瞬時に分析整理し，災害現場等の状況を推定あるいは予測し，活動方針を決定して消防活動に当たるのである。

　したがって，消防活動における情報活動は，経験を重ね，知識及び技術の習得に励み，仮にも情報活動に当たる消防職員によって上手，下手のない統一された活動をしなくてはならない。

③ 情報の性格と収集原則

　指揮者の最大の任務は，情報収集を活発に行い全般の状況を早く推定することにある。
　災害現場は常に不確定な状況にあり，現場の状況について事実の推定又は判定を行い，対応を決定しなければならない。事実の判定には判定要素となる情報が必要である。

　① 性　格
　・　情報は実態からの信号である。
　・　情報は変質する。
　② 収集原則
　・　情報は自ら積極的に集めなければならない。
　・　情報は推測と誇張を避けよ。
　・　情報は重視せよ，ただし過信するな。
　・　情報は流れやすいシステムにしておく必要がある。

　参考文献
　　　1　「情報活用の心得」　　　　　　岩崎隆治著
　　　2　「情報を読む技術」　　　　　　坂井利之著
　　　3　「情報術入門」　　　　　　　　安川秋一郎著
　　　4　「情報行動」　　　　　　　　　加藤秀俊著
　　　5　「情報を読みとる力がつく本」　高橋憲行著
　　　6　「危機管理のノウハウ」　　　　佐々淳行著
　　　7　「行政法辞典」　　　　　　　　杉村章三郎・山内一夫編
　　　8　「報道と人権」　　　　　　　　読売新聞社
　　　9　「火災の原因調査（二）」　　　東京消防庁
　　　10　「広報ハンドブック」　　　　　東京消防庁
　　　11　「新消防戦術指揮要領」　　　　東京消防庁

第2　消防活動上必要な情報

　災害現場において必要とする情報は，活動目的により内容や項目が異なるものであるが，いずれの場合でも必要な時機に的確な情報を収集することが重要である。

■1　消防活動上必要とする情報

　火災の場合，主な情報は，次のとおりである。

(1)　消防活動初期

　　現場到着時，優先して収集すべき情報は，消防職員の作業危険に関わる情報，人命危険に関する情報，拡大危険に関する情報であり，速やかに各隊に伝達し，必要により応援要請を行う。

　　初期に収集すべき情報は，次のとおりである。

①　所在・構造・用途等

②　爆発物，毒・劇物，各種ガス類，危険物品，ＲＩの有無，変電設備・電気施設の通電状況

③　延焼範囲，延焼方向，爆燃危険箇所

④　転落のおそれある箇所，倒壊危険箇所，落下物等による危険箇所

⑤　火元関係者等の避難の状況，行方不明者の状況

⑥　建築物内部の防火区画，内装材，収容物品等の状況

⑦　消防用設備等の種別及び作動状況

⑧　関係者の確保と自衛消防隊との連携活動状況

⑨　救出又は消防活動の状況と災害の推移の状況

⑩　警察，電気，ガス，水道関係者等との連携活動状況，その他消防活動上の必要事項

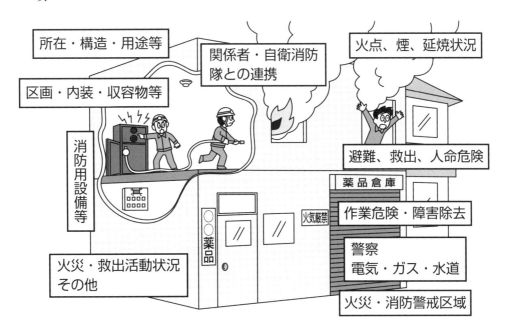

(2)　消防活動中期

①　前(1)の各種情報内容の追求

②　出火当時の在住人員と避難状況の確認

③ 延焼危険と被害予測

④ 隣接建物への延焼危険の有無

⑤ 火点下階層及び周辺への水損の状況

⑥ 交通渋滞及び公共施設物（鉄道，電気，ガス，電話）への影響の有無

⑦ 検索，救助，筒先配備，傷病者の確認等の消防活動状況

⑧ その他消防活動上必要とする事項

(3) 消防活動後期

① 出場部隊数，人員等

② 消防隊の活動状況（特殊資器材の活用等）

③ 活動の困難性，危険性，長時間活動をする場合はその状況

④ 出火場所

⑤ 類焼建物の状況（名称，用途，責任者，居住者等）

⑥ り災世帯，人員（共同住宅等は部屋ごとに確認する。）

⑦ 焼損の程度

⑧ 発見状況，通報状況，初期消火状況

⑨ 交通障害及び公共施設への影響

これらの情報を基に，災害活動の時機に応じて次のような判断をし，対処するのが一般的である。

・ 被害状況の予測

・ 応援要請の要否

・ 火災警戒区域又は消防警戒区域の設定を要する範囲

・ 障害物の除去手配と隊員の安全管理並びに危害予防

2　消防行政上必要とする情報

　社会環境の変遷に伴い，住民の価値観の多様化，権利意識の高まりから，災害時の対応が消防行政に影響を及ぼすことも予想される。また，災害現場は，社会の縮図として世相を反映し，問題点を投げかけていることが多い。我々は，それを見逃さずに捉えて正確な情報を住民や報道機関に知らせ，理解と協力を得ることが必要である。

　必要となる情報は，次のとおりである。

(1)　火元の使用形態等

　　①　使用形態

　　②　建築経過等

　　③　収容物等の状況

　　④　居住者等の職業等

　　⑤　消防関係法令の履行状況

(2)　火災に至った経過

　　災害発生の要因は，消防活動をする上での重要な情報である。

　　①　火源，出火箇所，燃焼拡大要因等

　　②　火災の発見，通報及び初期消火の状況

　　③　火災等の発生に直接関係ある者の行動

　　④　出火前の作業及び工事等の状況

(3)　被害状況及び人命救助等

　　①　火点建物，類焼建物を含め棟数及び焼損面積

② 特殊な焼損物件

③ 水損状況等

④ 死傷者の状況（氏名，年齢，職業，受傷程度等）

⑤ 消防部隊又は一般人による救助活動状況（氏名，年齢，職業，救助状況を必ず聴取する。）

⑥ 避難，誘導状況

⑦ 傷者の収容先医療機関

(4) **防火管理等**

① （統括）防火管理者の氏名，年齢，職業，選任年月日等

② 防火管理体制（昼間，夜間）

③ 危険物施設等の許可年月日，品名，数量等

④ 消防計画の届出及び自衛消防訓練の実施状況等

⑤ 査察の実施状況

(5) **著名人等**

① 国会議員及び地方議員等

② 法曹関係者及び国家公務員，地方公務員の幹部職員等

③ 公安職員等（消防職員，警察職員等）

④ 一流企業，団体の幹部等

⑤ 未成年者，要配慮者等

⑥ その他，俳優，タレント，プロのスポーツ関係者等

(6) **社会的に影響のある事案**

① 社会的に影響のある事案に発展すると予測される災害については，警防本部及び関係機関等と連携し情報を共有する。

② 主な事案の範囲は，次による。

　　ア　大規模な災害

　　イ　死傷者が多数発生した災害

　　ウ　著名人に関する災害

　　エ　議員等に関連する災害

　　オ　消防職・団員に関連する災害

　　カ　官公庁等の建物，施設の災害

　　キ　特殊な出火原因の火災

　　ク　重大な消防関係法令等の違反に係る火災

　　ケ　再出火の疑いのある火災

　　コ　消防活動に伴う紛争のおそれがあると予想される事案

サ　消防行政上不利益となる事案

シ　その他必要と認める事案

第2節 情報収集の基本

第1 収集要領

1 視覚，臭覚，聴覚

情報手段の一つとして，視覚，臭覚，聴覚による収集手段があるが，我々は常日頃から
それを読み取る力を養っておくことが必要である。

(1) 視 覚

① 延焼状況

② 火炎，煙の状況

③ 構造，階層，看板等による業態の把握

④ 落下物等による活動危険

⑤ 人的危険

⑥ 近隣住民の動向

⑦ 消防用設備等の作動状況

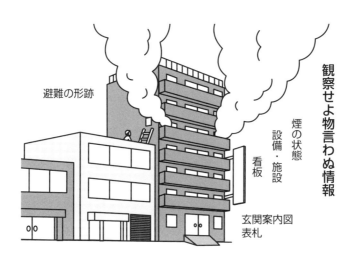

(2) 臭 覚

① 出場途上における煙の臭気

② 危険物，毒・劇物等

③ ガス漏えい

④　災害現場の異常な臭気（焼死者等）

(3)　聴　覚

①　関係者等からの情報

②　爆発音等

③　警防本部等からの無線情報

2　無線情報

　出場途上における車載無線の受信及びその後の災害状況等の情報を警防本部，署隊本部から積極的に聴取する。

3　関係者の確保及び聴取要領等

(1)　関係者の種類

①　建物関係者

　　建物所有者，建物管理責任者，（統括）防火管理者，自衛消防隊，警備員，宿直責任者，居住者，従業員，客等

②　火災に関与する者

　　発見者，通報者，初期消火実施者，出火に直接関係する者

(2)　関係者の特徴

①　現場付近に寝間着，裸，裸足でいる者

②　火傷を負っている者又は衣類を焦がしている者

③　衣類が水に濡れている者又は汚れている者

④　取り乱している者，うずくまったり泣いたりしている者

⑤　家財を抱えていたり，荷物を搬出したりしている者

(3)　関係者の確保

①　関係者は，時間が経過すると現場から離れて情報収集が困難になることから，確保に当たっては，車載拡声器を活用し呼び掛けを行う。

②　関係者を集めた場所には，必ず消防職員を常駐させる。

③　消防部隊が到着する前に先着している警察官が関係者を保護している場合があることから，現場警察官に確認する。

④　情報収集が終わった関係者に対しては，所在を明らかにしておくように伝える。

⑤　関係者は，次の場所等の中に可能な限り集めて確保するものとし，特に天候や気温に応じて対応すること。

ア　指揮隊車，ポンプ車，救急車，広報車，人員輸送車

イ　防災センター，警備員室，宿直室，管理人室

ウ　指揮本部

⑥　被災者は，知人宅等に身を寄せている場合があることから，知人宅や交際範囲も確認する。

⑦　被災者は恐怖と不安で興奮状態にあるので，次のことに留意する。

ア　被災者に対して，いたわりの気持ちをもって接する。

イ　消防隊員が到着したこと等を知らせ，安心感を与える。

(4)　関係者からの聴取要領

①　関係者に対し，消防職員であることを告げて相手を落ち着かせる。

②　必ず相手の氏名，年齢，職業を聴取して記録する。

③　一問一答の形式により，質問の内容を明確に告げる。

④　回答できない質問については，いつまでも執着しない。

⑤　関係者に出火に至った経過について誘導するような質問はしない。

⑥　質問は一方的ではなく，言動に留意し相手の立場を考慮して行う。

⑦　関係者の回答内容は，努めて早く記録する。

修羅場での情報活動

あ……
あわわ……

(5)　聴取項目と内容

項　　目	内　　容
①関係者の確認	氏名，年齢，職業，現住所等
②火災発見状況	どこにいた時，どのようにして火災を知ったか
③発見後の行動	火災を知ってどうしたか，どこを通ったか
④目撃状況	どの位置で見て何が燃えていたか，そこに誰がいたか
⑤初期消火活動	消火活動をしたか，誰が消火していたか，何を使ったか
⑥通報状況	どの電話で，誰が，どこへ知らせたか
⑦生活（作業）状況	燃えていた場所は，火災前に誰がいたか，何をしていたか
⑧建物状況	燃えていた所は，何をする場所か，どんなものがあるのか
⑨火気施設状況	そこには，どのような火気施設（器具）が置かれていたか
⑩火気管理状況	巡視，点検は何時ごろ実施したか，喫煙はあったか
⑪り災状況	責任者氏名，年齢，家族構成，従業員数，建面積，延面積
⑫避難行動	なぜそこから避難したのか，逃げ遅れた者はいるのか

第2　情報源

　災害現場では，大量の情報が交錯する。その中にはもちろん真実もあるが虚報もある。不安や無責任な憶測からくる情報，何人かを経由しているうちに変質した情報もある。

　情報の収集にあっては，必ず情報提供者の氏名，要救助者との関係等の確認を忘れては

ならない。情報源のない情報は，根なし情報となり，単なる「噂」にすぎず，ややもすると無責任に増幅され変質されて消防活動に影響を及ぼすばかりか，責任問題にも発展する可能性があるので，情報源及び伝達者を明確にしておかなければならない。

1 関係者等

関係者がどのような人であるかを確認する。

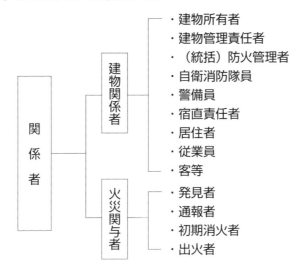

```
              ┌ ・建物所有者
              │ ・建物管理責任者
        建物  │ ・（統括）防火管理者
        関    │ ・自衛消防隊員
関       係  ─┤ ・警備員
係       者    │ ・宿直責任者
者            │ ・居住者
              │ ・従業員
              └ ・客等
        火    ┌ ・発見者
        災    │ ・通報者
        関  ─┤ ・初期消火者
        与    │ ・出火者
        者    └
```

2 特殊な情報源

消防部隊が到着する前に災害現場に先着している警察官や火傷等を負った者は，最も重要な情報を持っている。また，救急隊員は，傷者等を救護する任務を有している。

① 現場に先着している警察官は重要情報を持っている。一般人とは違って観察力もある。

② 現場で発生した傷者は，火災等に直接関係ある者が多い。

③ 救急隊員は，傷者から情報を得ている。

3　消防用設備等

　出火建物に設置されている消防用設備等の作動状況を確認し，出火箇所及び延焼範囲を確認する。

①　自動火災報知設備の受信機の確認と作動状況

②　各種消火設備等の作動状況

③　屋内消火栓の使用状況

④　防火扉の作動状況

⑤　防火ダンパーの閉鎖状況

⑥　排煙設備の作動状況

第3　優先情報

　現場には大量の情報がある。しかし，全ての情報を一瞬のうちに収集することは不可能である。情報にはその内容によって緩急差があるが，不可欠の情報は，次の6項目である。

1　災害の実態

　指揮本部長等は，活動方針を決定する上で災害の実態を把握することが最も重要なことである。

　建物の内部構造，火点，燃焼物の延焼状況，防火扉，シャッターの開閉状況等は，その後の人命検索，救助，応援要請を行うための判断要素となる。したがって，これらの情報は，早期に関係者等及び消防隊員から収集しなければならない。

　特に内部進入隊は，進入箇所の煙，熱，延焼状況等の実態を把握している。

①　情報源となるのは，関係者，関係資料，消防隊員である。

② 重要情報あるいは緊急情報に遭遇した場合は，従事中の作業を中断してでも確実に指揮本部長等へ報告させる。

2 人命危険

人命危険に関する情報は，正確なものが少ない。しかし，どんな不確定情報であっても，この情報に限っては状況判断から確実な対応が必要である。

① 深夜帯の木造，防火造の建物火災は，発見，通報が遅れ2階に子供，自力避難困難な高齢者が逃げ遅れている場合がある。

② 耐火造のマンション火災等は，煙により火点上階層に取り残され，避難できない者がいる。

③ 窓に飾りのルーバーが設けられている建物は，緊急に救助をする場合の障害となる。

④ 一度避難した者が再度延焼している建物に戻る場合があることから，避難先を調べ追跡確認をする。

⑤ 情報提供者は，どの建物の者かを確認し，追跡を怠らない。

⑥ 情報のない場合は，逃げ遅れた者があると考えて活動する。

3 作業危険

安全に直接係わる情報は，隊員を各種作業危険から守るために極めて重要であり，指揮

者の重大な使命でもある。早期に関係者等から，原則として次の項目を収集する。

① 危険物（引火性，爆発性，禁水性，酸化性，反応性）

② 爆発物（高圧ガスボンベ，ドラム缶，スプレー等）

③ 電気（変電室，引込線，配線）

④ ガスの漏えい（ガスの種類，漏えい範囲）

⑤ 対象物の構造的な危険

　　・　準耐火造，軽量鉄骨造の座屈，倒壊危険

　　・　パラペット，看板等の落下危険

　　・　外壁等の剝離による危険

　　・　瓦の落下危険

　　・　床の燃え抜け危険

4 拡大危険

拡大危険については，次のことに留意して情報収集に当たる。

① 街区構成等

　　出火建物に隣接する建物構成及び地域特性，気象状況等により延焼拡大が予想されるので，早期に収集する。

② 危険物，指定可燃物等

　　危険物等の燃焼は，火勢が強くふく射熱による活動障害が発生し，また，活動初期の段階から一気に火面が拡大するので，燃焼実態及び収容物品名等を早期に収集する。また，二次災害の危険状況も収集する。

③ 建物構造

　　出火建物の老朽化及び構造上の欠陥等から周囲及び上階への延焼が急激に拡大するので，早期に状況把握を行う。

　　・　各部署位置で活動している隊員は，煙の流れや熱を感じる等の異変を把握できる場所にいる。ささいな徴候を積極的に捉えて指揮本部等に報告，確認する。

5 特異事項

　ガス，毒・劇物，放射性物質及び危険物等に関する災害は，二次災害発生危険があるため，原則として次の事項に留意して情報の収集に当たる。

① 煙や炎の色，臭覚等により実態を把握する。

② 関係者及び専門技術者から情報を収集する。

③ 付近住民から情報を収集する。

④ 漏えい物及びその拡散範囲等を確認する。

⑤ 施設に測定器具等があるか確認する。

⑥ 中和剤等の処理剤の有無を確認する。

危害予防上必要な物質の性質

色，臭──発見のきっかけとなる。

蒸気比重（対空気）──ガスの滞留，拡散に関係する。

沸点──蒸気の発生，引火，延焼などに影響する。

蒸気圧──引火性，毒性に関係する。

腐食性──漏えい源となりやすい。

爆発限界──引火危険に関係する。

引火点──引火危険に関係する。

毒性──人体に中毒等の影響がある。

※ 無臭・無色の毒性ガスがあるので，臭覚，視覚のみによる判断は危険である。

---

⑥ 消防力

災害の実態を踏まえた活動を行うには，消防力の優劣を判断し時機を失しない応援要請等を行う必要がある。このため，出場部隊の把握が重要である。

① 出場部隊の把握

② 必要装備資器材の有無

③ 転戦可能隊の把握

第2章

情報収集活動

第1節 情報伝達

　警防本部，署隊本部及び指揮本部間で災害の規模，内容等により情報の迅速かつ円滑な伝達を行い，消防活動の効率化と報道対応等を適切に行う。

第1　情報伝達ルート

　災害時の情報伝達ルートは図2のとおりとし，災害の規模，内容等により適切な方法を選択する。

図2　情報伝達ルート

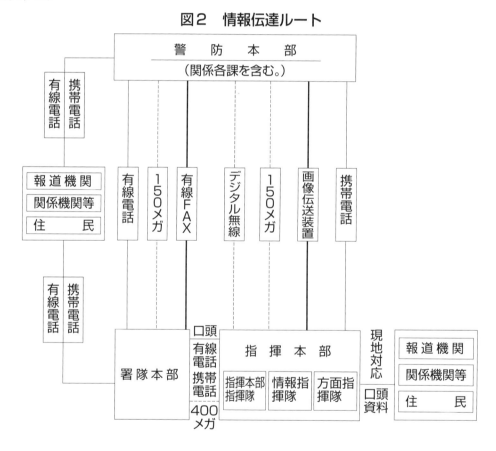

第2　情報管理カードの活用

　警防本部，署隊本部及び指揮本部間における迅速・円滑な情報伝達，交換等を図るための情報伝達ルートを設定し，情報管理カード表1～表7を活用して必要事項の伝達を行う。

① 　指揮本部長は，火災等の状況把握のため警防本部等から要請があった場合又は必要と認めた場合は，情報管理カードを作成し，項目別に警防本部等に即報しなければならない。

　なお，情報指揮隊が出場している現場においては，情報指揮隊長に行わせることができる。

② 　情報管理カードは次のとおりとする。（表1～表7）

- ・　部隊運用状況等　　　　　　　　　表1
- ・　焼損建物等　　　　　　　　　　　表2
- ・　救助・避難確認等　　　　　　　　表3
- ・　死傷者一覧　　　　　　　　　　　表4
- ・　発見・通報・初期消火の状況等　　表5
- ・　火災に至った経過等　　　　　　　表6
- ・　防火管理等　　　　　　　　　　　表7

表1　部隊運用状況等

時　　　分現在

情報管理カードNo.1

出　火　年　月　日		年　月　日（　）				火災番号								
出　　火　　場　　所						区（市）　　町　丁目　　番　　号								
業　態　，　名　称														
責　　任　　者		職業・氏名											（　　歳）	
経過	出　　火	：　　分頃		区　分	車種別 時分	P	C	L	B	YF	A	R	他	計 隊　口
	覚知（覚知別）	：　　（　）		第　1										
	延　焼　中	：		第　2										
	防　　　止	：		第　3										
	鎮　　　圧	：		特　命										
	鎮　　　火	：												
出場状況		消　防　部　隊				隊　口　出場人員（非番）　　名（　　名）								
		消　　防　　団		分団　台　名		自衛消防隊等　　　　　　隊　名								
指揮体制	区　分	時　分		指揮本部長職・氏名		活動時間				時　　分				
	第　　　1	：				救助指定中隊名							隊	
	第　　　2	：				最先到着隊名							隊	
	第　　　3	：												
備　　　　　考														
								扱者名						

表2 焼損建物等

時　　分現在
情報管理カードNo.2

対象番号	名称	責任者 職・氏名（年齢）	用途	構造 階層	屋根	面積			程度
						建	延	焼損面積	
特記 事項									

扱者名

表3 救助・避難確認等

時　　分現在
情報管理カードNo.3

対象番号	建物名称	責任者 職・氏名	世帯数	人員 （在居者）	確認 人員	救助		避難誘導		消防活動状況
						人員	隊名	人員	隊名	

救助状況内訳									
番号	氏名	年齢	性別	職業	程度	住所	救助場所	救助方法	隊名等
特記 事項									

扱者名

表4　死傷者一覧

時　　分現在

情報管理カード№.4

	番号	職・氏名（年齢）	性別	程度	住所	扱い救急隊名	収容先病院	備考
死傷者の状況								
特記事項								

扱者名

表5　発見・通報・初期消火の状況等

時　　分現在

情報管理カード№.5

発見状況	職業・氏名	（　　歳）	出火建物との関係	
	概要			
通報状況	職業・氏名	（　　歳）	出火建物との関係	
	概要			
初期消火状況	概要			
特記事項				

扱者名

表6　火災に至った経過等

時　　分現在

情報管理カードNo.6

火災に至った経過				
延焼拡大要因				
危険物・特殊可燃物等	品名	数量	許可届出年月日	場所
特記事項（問題点等）				

扱者名

表7　防火管理等

時　　分現在

情報管理カードNo.7

防火管理	防火管理者	氏名（年齢）		選任年月日	
		職名			
	消防計画の届出				
	自衛消防訓練				
	防火管理体制	昼間		夜間	
立入検査	法令違反の有無				
	指導事項				
特記事項					

※　著名人等の記載は特記事項欄で処理

扱者名

第2節 情報収集要領

第1 各担当別情報活動

1 署隊本部

(1) 任 務

　署隊本部は，必要な情報収集事項を整理し，指揮本部への支援を行う。

(2) 編 成

　災害発生時に円滑な署隊本部の活動及び報道対応等を行うため編成する。

① 勤務時間内の体制

　勤務時間内は，情報管理者（総務副署隊長），署隊本部統括班長，署隊本部統括班員，署隊本部統括班支援要員とし，署隊本部員，緊急配備隊がある場合はこれを含むものとする。

図3　勤務時間内の体制

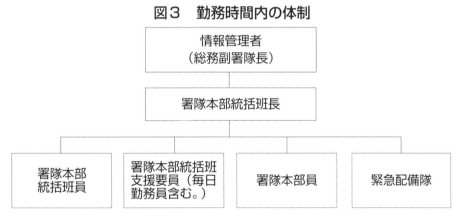

② 日曜，休日，夜間等の体制

　日曜，休日，夜間等は，署隊本部統括班長，署隊本部統括班員とし，署隊本部員，緊急配備隊がある場合はこれを含むものとする。

図4　日曜，休日，夜間等の体制

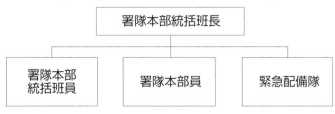

(3) 情報管理者及び署隊本部統括班長等の任務

表8 情報管理者及び署隊本部統括班長等の任務

情報管理者	署隊本部において署隊本部班を統括し，情報の収集・管理及び報道対応等情報活動について統括する。
署隊本部統括班長	署隊本部統括班員等を指揮し，次の事項を処理する。 1 指揮本部の活動に必要な資料，情報収集，整理 2 関係機関等への連絡・通報等 3 報道対応等
署隊本部統括班員	情報の収集・記録等を行う。 1 通信・受付事務 2 情報収集及び記録 3 関係機関等への連絡・通報
署隊本部統括班支援要員	指揮本部等に対しての支援活動を行う。 1 関係資料・図書等の検索，整理，作成 2 指揮本部への情報提供 3 関係機関等及び住民対応
署隊本部員 緊急配備隊員	署隊本部統括班長の指揮により支援活動を行う。 1 関係資料の作成・送付 2 関係機関等への通報・連絡 3 その他特命事項

(4) **署隊本部資料の活用**

署隊本部の運営，指揮本部の支援を行うため，次の資料を活用する。

① 管内情勢
　ア 管内情勢
　イ 著名人一覧表等
　ウ 町会の台帳
　エ 関係団体の名簿
② 各種警防計画
　ア 特殊消防対象物警防計画
　イ 水利活用計画
　ウ 危険区域警防計画
　エ 水防関係の計画等

③　危険物，毒・劇物，ＲＩ等関係

　ア　危険物施設一覧表

　イ　毒・劇物，火薬類関係届出書綴（一覧表）

　ウ　高圧ガス燃焼性届出書（一覧表）

　エ　化学薬品データハンドブック1・2

　オ　毒・劇物，危険物等災害対応カード

　カ　核燃料物質等届出処理簿（一覧表）

　キ　ＲＩ関係施設一覧表

　ク　ＲＩ関係警防計画

　ケ　アルキルアルミニウムの安全な取扱い，消火方法

④　ガス関係

　ア　都市ガス中圧供給対象物一覧表

　イ　ガス配管図及びガス遮断バルブ位置図

　ウ　ガス導管概況図

　エ　ガス会社連絡先

⑤　地下関係

　ア　ＪＲ地下ルート災害消防活動要領

　イ　地下駐車場図面

　ウ　モノレール関係書類（路線図面）

⑥　大使館関係

　　大使館に対する消防援助要領一覧表

⑦　各種台帳関係

　ア　災害時要配慮者台帳

　イ　査察台帳

　ウ　予防情報システム

⑧　病院関係

　ア　救急告示病院一覧表

　イ　医師会会員名簿

　ウ　医療機関台帳

⑨　官公庁関係

　ア　官公庁連絡先一覧表

　イ　公共施設連絡先一覧表

⑩　マスコミ関係

　ア　報道機関一覧表

イ　電話帳
⑪　その他必要な資料

情報ワンポイント

。○○アパート出火？

➡ 査察台帳確認!!

➡ 災害時要配慮者台帳確認!!

　　　　　　　　など

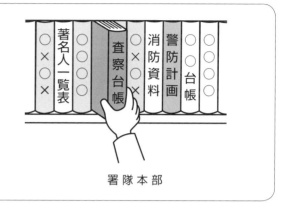

署隊本部

---

(5) **指揮本部の支援要領**

① 署隊本部は，署隊本部の資料等を活用して指揮本部へ必要事項を伝達する。

② 署隊本部は，指揮本部と連絡を密にして情報の統一を図る。

③ 情報管理カード等を活用して積極的に情報伝達を行う。

(6) **特異事案の対応**

社会的に影響のある特異な災害等については，次により対応する。

① 事実確認を行う。

② 署隊長等へ報告し，指示，命令に基づき対応及び方針を統一する。

③ 関係課等との連携を図る。

④ 関係機関への連絡，通報を行う。

⑤ 連絡体制を確立し，指揮本部，警防本部との連携を密にしながら，署所等への災害状況の問合せに対する一本化を図る。

2 指揮本部指揮隊

(1) **災害現場の情報活動体制**

災害現場における情報活動体制は，図5による。

(2) **任　務**

指揮本部指揮隊は，指揮本部長の命を受け，情報活動を含む災害活動全般についての任務を遂行する。

指揮本部指揮隊の任務は，次による。

① 各種情報の収集及び整理

② 火災等の実態の把握

③　指揮本部長の命令の伝達

④　警防本部，署隊本部等との通信連絡

⑤　出場部隊の把握

⑥　関係資料の確保

⑦　関係機関との連絡

⑧　現場広報

⑨　火災等の経過の把握

⑩　その他指揮本部長の特命事項

(3)　**編　成**

　　編成は，指揮隊長，指揮担当，情報担当，通信担当及び伝令とする。情報員は，管轄区域内の火災等に出場する。

図5　災害現場の情報活動体制図

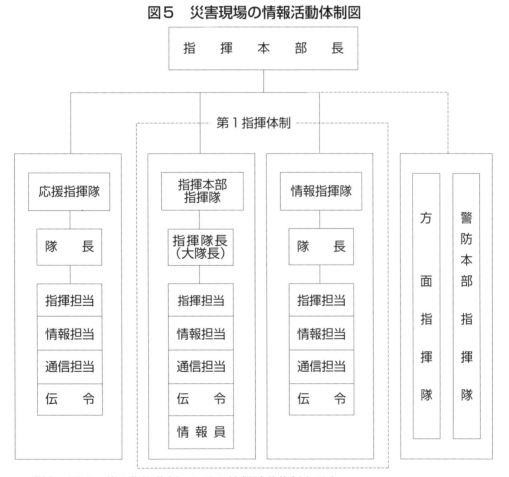

　（注）　図は，第2指揮体制における情報活動体制を示す。

表9　指揮本部指揮隊員等の任務

職　務	任　務
指揮隊長 （大隊長）	指揮本部長としての任務を行うものとし，指揮体制が上位に移行した場合は，指揮本部長を補佐する。
指揮担当	指揮及び消防活動に関する次の事項を担当する。 1　指揮本部長の補佐　　　5　消防活動状況の把握 2　災害実態の把握　　　　6　指揮本部の運営 3　火点及び延焼範囲　　　7　関係機関との連絡 4　二次災害発生危険
情報担当	災害実態，消防活動及び報道対応等に関する次の事項を担当する。ただし，情報指揮隊到着後は，これらの事務の一部を分担して行う。 1　関係者の確保　　　　　8　その他 2　対象物の実態把握　　　(1)　写真撮影 3　人命危険　　　　　　　(2)　り災建物の状況 4　消防活動上の特性　　　(3)　火災に至った経過 5　災害の拡大危険　　　　(4)　発見，通報，初期消火の状況 6　消防隊の活動状況　　　(5)　死傷者発生の要因 7　各種情報の収集，分析，(6)　防火管理等の状況 　　整理及びまとめ等（初期）(7)　情報の管理
通信担当	1　命令伝達 2　通信連絡 3　災害経過の記録
伝　　令	指揮隊長からの命令の伝達及び特命事項

備考　情報員がいる場合は，情報担当と任務を分担すること。

⑷　出場途上における主な情報収集項目

①　大隊長

　　指令番地及び出場隊を確認し，一方偏集地域や密集地域等の消防活動困難区域の確認及び消防部隊の集結状況を把握する。

　ア　特殊消防対象物警防計画等を確認する。

　イ　最先到着隊及び警防本部からの情報収集を行う。

②　指揮担当

　ア　消防部隊の出場及び集結状況等を把握する。

　イ　出場途上に黒煙の上昇，火の粉の飛散状況，建物状況等を把握する。

③　情報担当

　ア　車載している各種警防計画等の確認を行う。

　イ　119番情報等による逃げ遅れ等の有無を確認する。

　ウ　最先到着隊からの無線情報を収集する。

　エ　情報員と事前に任務分担の確認を行う。

④　伝　令

　視認情報や指揮本部長の命令伝達及び先着隊等からの情報収集を行い，指揮本部長に報告する。

⑤　通信担当

　地図上で指令番地を確認し，指揮隊車を安全に災害現場まで運行する。

⑥　情報員

　ア　出場指令番地により地域の特殊性，消防活動困難性を把握する。

　イ　警防計画等の有無を確認する。

　ウ　社会的に影響のある災害か否かを把握する。

(5)　**現場到着以降の情報収集項目**

　所在，名称，構造，用途，階層，火点階，延焼方向等を次により把握する。

①　関係者を早期に確保し，必要事項を聴取する。

②　建物の表札，看板等から所在，用途を把握する。

③　視認（煙等）により，火点階，階層等を把握する。

④　関係者の確保要領は，第1章，第2節，第1，3「(3)　関係者の確保」（p.12）による。

(6)　**情報収集要素**

①　人命危険

　逃げ遅れ，けが人等の有無を次により把握する。

　ア　関係者から逃げ遅れた者等の状況を聴取する。

　　なお，聴取要領は，第1章，第2節，第1，3「(4)　関係者からの聴取要領」（p.12）による。

　イ　関係者不在で逃げ遅れ等の情報を聴取できない場合は，次による判断要素を踏まえて，人命危険を判断する。

情報ワンポイント

◦ 部屋の照明が点いている？
    ➡ 中に人がいる‼
◦ テレビが点いている？
    ➡ 中に人がいる‼
                など

情報ワンポイント

◦ 布団が敷かれている？
◦ 医療介護用具がある？
    ➡ 寝たきりの高齢者，病人が
       いる‼
                など

情報ワンポイント

◦ 車椅子がある？
    ➡ 自力歩行困難者がいる‼
◦ ベビーカーがある？
    ➡ 幼児がいる‼
                など

　　　㋐　居室内にある照明等の点灯の有無

　　　㋑　部屋のドアチェーン施錠の有無

　　　㋒　新聞受け，郵便受けの状態

　　　㋓　物干竿の洗濯物の有無

　　　㋔　玄関，勝手口に置かれた出前の器の状況

　　　㋕　窓ガラスの開閉状況

　　　㋖　出入口等に車椅子がある場合（自力歩行困難者の有無）

　ウ　深夜帯の木造，防火造の建物火災は，発見，通報が遅れることから，逃げ遅れがあると考え行動する。

　エ　一度避難した者が再度延焼している建物に戻る場合があることから，避難先を調べ追跡確認する。

　オ　情報がない場合は，逃げ遅れた者があると考えて行動する。

②　延焼拡大危険

　　延焼拡大危険は，視認及び関係者等からの必要事項の聴取により把握する。

　ア　気象状況

　　　㋐　異常乾燥，強風等の気象状況について，警防本部等から必要事項を聴取する。

　　　㋑　現場の火煙の流れにより風位を把握する。

　　　㋒　火煙の流速等により飛火の方向を把握する。

　イ　出火建物

　　　㋐　建物の構造及び老朽度を把握する。

　　　㋑　防火区画（階段・水平・竪穴・界壁）の有無を関係者から聴取する。

　　　㋒　防火戸，ダンパー等の作動状況を把握する。

図6　延焼経路別情報収集要領

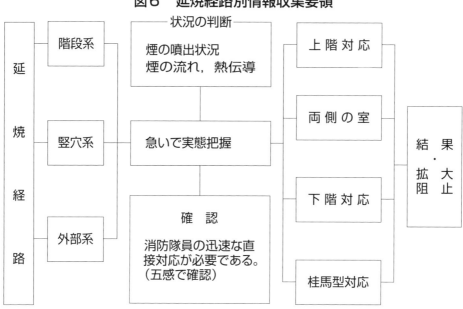

ウ　周囲の建物

　(ア)　出火建物の隣棟間隔を把握する。

　(イ)　出火建物に隣接する建物の構造を把握する。

　(ウ)　隣接建物の開口部の状況，材質について把握する。

　(エ)　収容物を確認する。

③　作業危険

　　作業危険は，早期に関係者等から聴取して把握するとともに，自ら確認する。項目ごとの収集は，次による。

ア　危険物等

　(ア)　危険物等の有無・場所・数量・種別・性質は，関係者，標識及び各種資料で確認する。

　(イ)　周囲の可燃物への延焼状況，延焼危険等を把握する。

イ　高圧ガス等（都市ガスを含む。）

　(ア)　高圧ガス等の有無・場所・数量・種別は，関係者からの聴取，標識等で確認する。

　(イ)　ホース，バルブ，安全弁を確認する。

　(ウ)　漏えい，拡散範囲を把握する。

　(エ)　周囲可燃物への延焼状況，延焼危険等を把握する。

情報ワンポイント

◦危険物の臭気がある？

　➡　種類の確認!!

　➡　二次災害の防止!!

　　　　　　　　　など

◦標識？

　➡　どこにあるか，所在の

　　　確認!!

　➡　関係者から資料の収集!!

　　　　　　　　　など

情報ワンポイント

◦ボンベの表面が凍っている？

　➡　大量に漏れている!!

◦メーターが作動している？

　➡　ガスが漏れている!!

　　　　　　　　　など

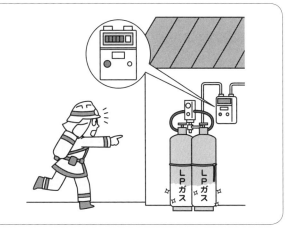

　ウ　落下物

　　㋐　木造，防火造建物における留意すべき主な物品等は，次による。

　　　　床，畳，天井，梁，看板，窓ガラス，植木鉢，窓付きエアコン，照明器具，

　　　手すり，瓦，屋内収容物，モルタル外壁，軒，パラペット，タイル壁の亀裂及

　　　び膨らみ等

　　㋑　鉄骨造，耐火造建物における留意すべき主な物品等は，次による。

　　　　梁，床，看板，モルタル外壁，タイル，外壁，手すり，コンクリート内壁，

　　　ガラス窓，看板，照明器具，窓付きエアコン等

情報ワンポイント

◦ パラペット　落下する？

◦ 外壁のふくらみ　剝離する？

　　　　　　　　　など

情報ワンポイント

◦ 天井が過熱？

　➡ モルタルが剝離する‼

◦ 壁体のエアコン？

　➡ 落下危険がある‼

　　　　　　など

　エ　倒壊危険

　　㋐　建物構造を踏まえた燃焼の状況を把握する。

　　㋑　木造，防火造は，モルタル外壁，パラペット，柱，梁，ベランダ等を把握する。

　　㋒　鉄骨造は，熱による柱，梁の変形を把握する。

┌─ **情報ワンポイント** ──────────────

◦ 鉄骨の倉庫？

   ➡ 座屈する‼

◦ 1階が燃えている？

   ➡ 2階の床が落下する‼

           など

アッ！
鉄骨が

└──────────────────────────────

┌─ **情報ワンポイント** ──────────────

◦ 合掌部分が燃えている？

   ➡ 全体がくずれる‼

◦ 燃えが激しい？

   ➡ くずれる‼

           など

└──────────────────────────────

  オ　転落，滑落危険

    転落，滑落は，屋根，床，物干台，ベランダ，窓手すり，デッキ等からが多い
ので，次により状況を把握する。

   (ア)　屋根，下屋等は，形状，勾配を把握する。

   (イ)　屋根（瓦，スレート等）や下屋（塩化ビニール等）の材質を把握する。

> **情報ワンポイント**
>
> ◦ スレート屋根？
>
> ➡ 危険だ，乗るな!!
>
> ◦ 手すり？
>
> ➡ 倒れる危険がある!!
>
> 　　　　　　　　　　など
>
>

　カ　バックドラフト，フラッシュオーバー等による危険

　　㋐　出火建物の構造（気密性，開口部の有無）を把握する。

　　㋑　燃焼物体，収容物，内装材等の状況を関係者から聴取する。

　　㋒　煙の色，出火後の経過時間等を把握する。

> **情報ワンポイント**
>
> ◦ 煙が黄色い？
>
> ➡ フラッシュオーバー!!
>
> 　　　　　　　　　　など
>
>

　キ　電気設備による危険

　　㋐　変電設備の有無・場所を関係者から聴取する。

　　㋑　高圧・低圧の種別を関係者から聴取するとともに，引込線，架空線，電線の
　　　　形状で把握する。

　　㋒　照明器具，動力機器等の稼働状況から通電の有無を把握する。

情報ワンポイント

◦変電室が燃えている？

　➡ 注水は待て!!

　➡ 感電に注意!!

など

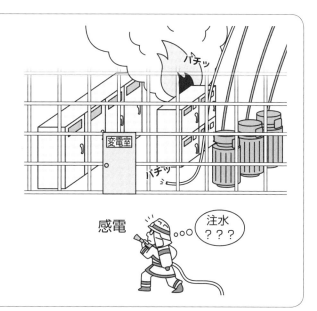

④　消防用設備等の作動状況

　ア　自動火災報知設備，スプリンクラー設備等の消防用設備等の作動状況を確認し，
　　火点階における延焼範囲等を把握する。

　イ　防火戸，防火ダンパーを確認し，消防活動上必要な情報を収集する。

情報ワンポイント

◦地下駐車場のサイレン？

　➡ 危険だ，進入注意!!

◦消防用設備が働いている？

　➡ 防災センターで確認!!

など

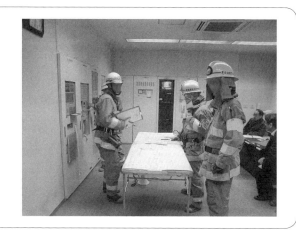

⑤　避難状況

　ア　避難者の数，氏名，性別，年齢及び避難者の部屋番号についての情報を収集す
　　る。

　イ　建物全体の居住者について，避難者との照合を行う。

　ウ　居住者が特定できない場合は，次により確認する。

　　　(ア)　外出先，勤務先へ電話等で確認する。

　　　(イ)　外出先が確認できない場合は，警察等に調査依頼する。

　　　(ウ)　居住者名簿，宿泊者名簿，町会名簿，住民台帳，不動産会社の賃貸契約書，警察の住民台帳等により確認する。

情報ワンポイント

。名前がとれない？

　➡ 不動産屋の契約書!!

　➡ 会社に電話!!

　➡ 居住者名簿!!

　　　　　など

情報ワンポイント

。居住者が多い？

　➡ 階層部屋ごとに分けろ!!

。家族が欠けている？

　➡ 部屋ごとにチェック!!

　　　　　など

---

　⑥　死傷者の確認

　ア　居住者を1か所に集め，受傷した場所，程度，状況及び受傷に至った経過等を聴取する。

　イ　氏名，年齢，性別，職業等を調べ，家族，知人等に接見させて確認する。

情報ワンポイント

・死傷者が特定できない？
　　➡　家族，知人等に接見!!
　　➡　宿泊者名簿と避難者の
　　　　照合!!

　　　　　　　　　など

⑦　発見・通報・初期消火
　　発見・通報・初期消火状況は，火災原因調査の大きな手掛かりであるため，確実な情報を把握する。

情報ワンポイント

・粉まみれ，濡れている？
　　➡　初期消火者!!
・慌てている？
　　➡　発見者!!
わかる情報から聴取!!

　　　　　　　など

⑺　指揮本部の情報管理
　　指揮本部は，次により情報を管理する。
①　指揮本部では，情報担当が主体となり，関係者及び各隊から収集した情報を整理，分析する。
②　人命危険，延焼拡大危険，作業危険等の重要情報を早期に把握し，全出場隊に

フィードバックを行い，周知徹底する。

③　消防活動上，社会的に影響のある事案等については，特に適正な管理を徹底する。

④　情報管理カードを作成する。

⑤　報道対応等の資料を整理する。

(8)　**特異事案発生時の対応**

①　職員の受傷事故及び一般人に対する加害事故，物損事故等は，その事故に至った経過等に関する情報の収集を早急に行うとともに，無線を統制する。

②　特異事案発生時における情報の収集に当たっては，関係者等に対する初期の対応が事故の円滑な処理に重大な影響を及ぼすことから，言動等に特段の注意を払い，慎重に行う。

情報ワンポイント

。入り乱れる情報？

➡ 統一情報で対処!!

➡ 同一発表者!!

➡ 公表範囲を決定!!

など

3　情報指揮隊

(1)　**任　務**

情報指揮隊は，指揮本部長の指揮下で指揮本部指揮隊員と連携して各種情報の収集，分析，管理等，情報全般の任務を行う。

①　指揮本部指揮隊の情報担当，情報員等と協力し，情報収集活動を行う。

②　消防活動及び防火管理等の災害全般に関する情報の収集，分析，整理を行う。

③　報道対応等に必要な資料をまとめる。

(2)　**編　成**

編成は，指揮隊長，指揮担当，情報担当，通信担当，伝令とする。

⑶　情報指揮隊の任務

　　情報指揮隊の任務は，表10による。なお，任務遂行する上で一つの事項に長時間を要する場合は，重要度に応じ弾力的に情報収集活動を行い効率化を図る。

表10　情報指揮隊の任務

職　務	任　　　　務
指揮隊長	1　指揮本部長の特命する情報に関する重点事項及び報道対応等を最優先とする。 2　各種情報の収集，分析，整理及びまとめ等，情報に関する総括的な業務を行うとともに消防活動上必要な情報は速やかに指揮本部長に報告すること。
指揮担当	指揮本部指揮隊と連携し，次の事項を担当する。 1　対象物の実態　　　　5　二次災害発生危険 2　火点及び延焼範囲　　6　災害の拡大危険 3　人命危険　　　　　　7　消防隊の活動状況 4　消防活動上の問題点
情報担当	各種情報の収集，分析，整理及びまとめ等指揮本部指揮隊と連携し，次の事項を担当する。 1　関係者の確保　　　　5　消防用設備の作動状況 2　り災建物の状況　　　6　防火管理等の状況 3　火災に至った経過　　7　自衛消防隊の活動状況 4　発見，通報，初期消火の状況
通信担当	指揮本部指揮隊車に出向し，通信担当と連携して，次の事項を担当する。 1　災害経過の記録，整理 2　隊長の命による報道対応等の資料作成 3　通信連絡
伝　令	指揮隊長からの命令の伝達及び特命事項

⑷　情報収集

　　情報指揮隊の情報収集は，情報管理カードを活用し，各種情報の収集，分析，整理等を行い，報道対応等に必要な資料の作成及び消防活動上必要な情報を収集し，指揮本部長への報告を行う。

　　なお，現場引揚げに際しては，収集した情報等を明確にし，指揮本部指揮隊への申し送りを徹底する。

(5)　**重要情報の管理**

情報指揮隊は，個人情報に係る重要情報及び消防行政上配慮する事項等の管理を徹底する。

4　応援指揮隊

(1)　**任　務**

応援指揮隊は，指揮本部長の命令に基づく局面指揮及び特命事項等を担当する。

(2)　**指揮本部長からの任務付与**

指揮本部長の命令に基づく，受命事項を迅速に処理する。

①　局面における消防部隊の指揮活動等

②　その他，特定事項の調査

(3)　**情報収集**

応援指揮隊は，活動上知り得た情報を指揮本部長等へ提供する。

①　災害の実態

局面における次の事項については，把握した時点で速やかに指揮本部長に報告する。

ア　人命危険情報

イ　延焼危険情報

ウ　作業危険情報

エ　その他必要な情報

②　活動拠点の情報収集

指揮本部長からの局面指揮の命令により担当隊を掌握し，各種活動拠点における情報を収集して指揮本部へ報告する。

ア　担当局面の災害状況

イ　消防活動上又は行政上配慮する情報

ウ　その他必要な情報

5　警防本部指揮隊，方面指揮隊

(1)　**任　務**

警防本部指揮隊等は，規程等に基づく活動のほか，指揮本部長の活動全般についての情報収集及び報道対応等を補完する。

(2)　**指揮本部長への支援**

①　消防活動指揮

②　重要情報等の整理

(3)　**情報収集**

　　指揮本部指揮隊等と連携を密にし，重要情報の欠落等，災害現場の状況に応じた情報を指揮本部長へ提供する。

　①　災害の実態

　　　指揮本部指揮隊等が把握していない事項について優先して行う。

　②　活動状況の確認

　　　災害の実態を踏まえ，全般的な消防活動を確認し，その状況を指揮本部長等へ情報提供する。

　③　人命，活動危険

　　　指揮本部指揮隊等と連携を図り，逃げ遅れ等の情報収集，二次災害の防止等，災害の状況を総合的な視野から把握し，各隊への支援活動を行う。

(4)　**資器材の活用**

　　災害現場に出場した方面指揮隊は，無線及び画像伝送装置等を活用し，警防本部と指揮本部間における情報の伝達等を積極的に行う。

6　消防隊

(1)　**任　務**

　　消防隊は，各種災害現場において，指揮隊よりも先着する可能性が高い。最先到着隊の中隊長は，指揮本部長到着まで大隊長の任務を代行し，早期に災害の実態把握及び人命危険等の重要情報の収集並びに応援隊の要否を判断し，初期の災害活動体制を確立しなければならない。

(2)　**情報収集**

　　消防隊の情報収集事項は，次による。

　①　災害の実態

　　ア　関係者を確保し，情報収集に当たる。

　　イ　災害現場を一巡し，各方向から火点，延焼状況，階数を確認するとともに，人命危険情報と合わせて活動方針を決定する。

　　ウ　所在，名称，用途等を確認する。

　　エ　風位，風速，街区構成，付近の道路状況を確認する。

　　オ　警防本部等からの無線による情報収集を行う。

　　カ　現場付近に二次災害防止の呼び掛けを行う。

　　キ　後着隊は，指揮本部長（中隊長等指揮代行者を含む。）の活動方針に従い，災害の状況，活動危険等について情報収集する。

　　ク　内部構造区画，危険物等の情報を関係者から聴取する。

　　関係者の確保は，車載拡声器等による呼び出しで行い，関係者を車内又は安全な場所に確保し，所在，人命危険の有無等，消防活動に必要な事項を聴取し，指揮本部指揮隊に引き継ぐ。

　ケ　情報収集に当たっては，現場用手帳を活用する。

情報ワンポイント

・女性の関係者？

➡　現場から離せ‼

➡　落ちつかせろ‼

➡　衆目にさらすな！

など

---

②　要救助者等

　ア　関係者，避難者，救出された者等から要救助者やけが人の有無及び人数を収集する。

　　　また，要救助者がいる場合は，「どの階のどの場所で，進入はどこからできるのか」など具体的に聴取する。

　イ　人命検索の結果に基づく各部屋の状況と要救助者についての情報を照合する。

情報ワンポイント

・ドアチェーンがかかっている？

➡　中に人がいる‼

・照明が点灯している？

➡　中に人がいる‼

など

---

③　避難状況

　ア　避難状況は，避難者を1か所に集めて聴取する。

　イ　管理人，居住者名簿等から確認，収集する。

　ウ　発見，通報，初期消火実施者等から収集する。

　エ　避難状況の聴取は，関係者に「○階○号室の人は避難したか」など具体的に行う。

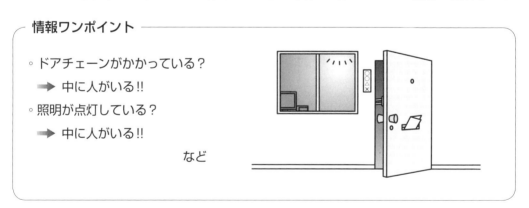

情報ワンポイント

◦部屋数が多い？

　➡ ケミカルライトの活用!!

　➡ 居住者台帳，宿泊者名簿と
　　照合!!

　　　　　　　　　　　など

④　作業危険

　ア　建物内外の危険物等の貯蔵については，管理人，責任者等からの情報収集及び
　　視認により確認する。

　イ　転落危険，倒壊，落下物等による危険情報を早期に把握する。

情報ワンポイント

◦天井がふくらんでいる？

　➡ 落下危険がある!!

　　　　　　　　　など

情報ワンポイント

◦壁体から煙が出ている？

　➡ モルタルが剥離!!

◦極寒の日？

　➡ 凍って滑る!!

　　　　　　　　　など

情報ワンポイント

◦ コンビナート火災？

　➡ 情報指揮隊の要請!!

　　　　　　　　　　　　　など

⑤　応援要請

　　災害（延焼）の状況，人命危険の情報等を早期に収集し，必要な隊数及び資器材等の消防力を把握する。

⑥　その他必要な情報

　ア　火災に至った経過等で特異なもの

　（例）

　　・　レンズ，金魚鉢，氷，つらら等が太陽光線を受け，焦点をつくり火災になった。

　　・　犬等のペットが石油ストーブにぶつかり，石油ストーブが倒れ火災になった。

　　・　電気器具，調理器具等の安全性の欠陥が原因で火災になった。

情報ワンポイント

◦ 火気がないのに？

　➡ 凹面鏡がある!!

　➡ 日当たりがいい!!

　"収れん現象"

　　　　　　　　　　　　　など

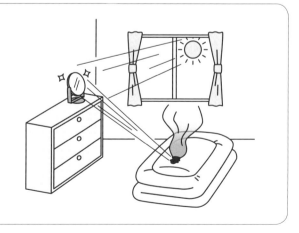

イ　個人生活で特異なもの

（例）

- ・　要配慮者が居住する建物の火災
- ・　引っ越してきた当日，新築まもない建物の火災

情報ワンポイント

◦新築？

　➡ 話題性!!

　　　　　　　　　　　　など

新築住宅が火災

ウ　発見，通報，初期消火で特異なもの

（例）

- ・　犬が吠えて，火災の発生を家人又は近隣者に知らせた。
- ・　外国人が日本語を話せず，状況把握に支障があった。
- ・　近隣の企業の自衛消防隊又は企業ぐるみで通報，初期消火救助等一連の消防活動を適切に行った。
- ・　小学校の校庭で体育の授業中，火災を発見。教師の指示の下，クラス全員が通報，初期消火，救助等一連の消防活動を適切に行った。

情報ワンポイント

◦ファイヤーorアンビュランス!!

　➡ ロケーションは!!

　　　　　　　　　　　　など

カジデ〜ス

WHAT?

7 救急隊

(1) **任　務**

　　傷病者は，何らかの形で災害に関係している場合がほとんどである。傷病者と接触する救急隊は，重要情報が入手できる立場にあることを自覚し，救急業務遂行中，傷病者から情報収集ができる場合は，必要な情報を聴取するとともに現場用手帳を活用し，指揮本部に報告する。

(2) **情報収集**

　　傷者及び関係者等から収集する主な項目は，次によるものとする。

① 受傷の状況

　　いつ，どこで，どうして，何を，どこを，どの程度受傷したか収集する。

② 人命危険

　ア　要救助者の有無，場所

　イ　居住者の人数

　ウ　寝たきり老人，災害時要配慮者等の有無

　エ　建物関係者，隣人，消防団員，区，市町村，福祉事務所等を活用して情報を入手する。

③ 消防活動障害物件

　ア　危険物，爆発，有毒ガス，ＲＩ施設，変電設備，特異な建物構造（穴，倒壊しやすい塀等）等

　イ　品名，数量，場所，危険の有無

④ 避難状況

　ア　建物関係者，隣人及び避難者から確認

　イ　宿泊者カード，入院台帳，勤務者名簿等との照合

　ウ　災害当時の在住人員と避難者の照合

⑤ 消防職・団員の事故

　ア　受傷概要

　イ　所属，階級，氏名，年齢

　ウ　受傷程度

　エ　職業（団のみ）

　オ　本人又は現場の消防職・団員から聴取

　カ　職員身分明細表，消防団員身分明細表の活用

⑥ 著名人等

　ア　職業，ペンネーム（芸名）

　　イ　どの建物の居住者か

　　ウ　本人又は隣人から聴取

(3)　現場用手帳の活用

　　情報収集に当たっては，現場用手帳の活用を図るものとする。

情報ワンポイント

。けが人？

　➡　責任者の可能性あるぞ!!

　➡　重要情報を持っている!!

　　　　　　　　　　　　など

8　消防団

(1)　任　務

　　消防団員は，普段から関係者等の生活環境及び地域に密着した住民の情報を把握している。

　　それらの情報を災害発生時消防機関に提供し，消防活動に反映させる。

(2)　消防隊への情報提供

　　町会名簿や平素から知り得ている情報を指揮本部等に提供する。

情報ワンポイント

。あの家には，身体の不自由な老人がいる？

　➡　検索しろ!!

　　　　　　　　　　　　など

① 寝たきり老人等災害時要配慮者の居住状況

② 出火建物，類焼建物の家族構成状況

③ 建物の業形態と収容物状況

第2　特異災害時に必要な情報

第1では，主に消火活動を中心に述べてきたが，ここでは特異災害時について述べる。特異災害発生の現場においては，消防活動を開始する前に的確な情報収集を行わないと，隊員の安全が確保できない。

ここでは，災害種別ごとに必要な情報収集について述べる。

1 爆弾等の爆発による多数傷者発生災害

(1) 活動上必要な情報

出場に際し，爆発物についての基本的知識が必要である。

① 国内における爆弾の仕掛け方

・ 触ると爆発する触発式の場合は，人目のつくところに仕掛け，時限式の場合は，人目のつかないところに仕掛ける。

・ 手紙や小包の場合は，包装紙を開けると爆発する仕掛けになっている。

② 海外のテロ事件に伴う爆弾の仕掛け方

・ 自動車に仕掛け爆発させる，あるいは自爆する。

(2) 留意事項

① 爆発現場では不審なものを発見した場合，触ることなく，安全な場所に避難する。

② 爆発現場には爆弾の組成物が散乱しているので，証拠保全に留意する。

(3) 必要な情報

主に活動隊の安全管理に関することを中心に情報収集を行う。次に人命危険に関する情報，拡大危険に関する情報を収集する。また，爆弾の種別などは初期段階では不明なことから，次のような情報を警察官，関係者，救助されてきた，あるいは避難してきた関係者等から収集する。

① 二次爆発の可能性

② 倒壊危険，落下物による危険

③ 建物からの避難の状況

④ 建物の内部構造，収容物

⑤ 消防用設備等の種別及び作動状況

⑥ 消防対象物関係者の確保

⑦ 自衛消防隊の活動状況

⑧　救出の状況と災害の拡大状況

2　ＮＢＣ災害による多数傷者発生災害

(1)　活動上必要な情報

①　検　知

ア　災害起因物質の特定に当たっては，複数の種類の測定器による測定結果，被災者の症状等を勘案するとともに，必要によりＮＢＣ災害の専門家などの助言を受け，総合的に判断する。

イ　警察等の関係機関と検知結果についての情報を共有化し，迅速な災害起因物質の検知と判定に努める。

②　関係機関との連携

ア　ＮＢＣテロ災害への対処は，警察，保健所，医療機関など関係機関と情報の共有化を図って活動するなど連携した活動を行う。

イ　ＮＢＣテロ災害発生時には，特殊災害支援アドバイザーに早期に連絡をとり，災害起因物質や消防活動上の危険性，除染等に関する助言を得る。

(2)　情報収集項目

情報収集は，要救助者，負傷者の有無の確認及び危険性の把握を最重点として行う。

①　化学テロ

・　発災所在地

・　臭気・動植物の異常や死体，枯死等の異常の有無

・　風向，風速，地形，建物状況や街区状況

・　具体的発災場所（不審物の所在，化学剤による汚染源等）

・　化学剤による被害の有無，拡散及び流動方向並びに拡大危険

・　住民等の避難状況

・　要救助者及び負傷者の有無，位置及び人数

・　負傷者の観察結果

・　事故目撃者等からの情報

・　検知，測定資器材による測定結果

・　防火対象物で発生した場合の関係者からの情報（要救助者の状況，災害の態様，

　　　関係者の行った措置など）

②　生物テロ

　　・　広範囲にわたり，同時に複数の傷病者が発生している場合は，関係機関（病院，警察機関，都道府県，市町村医療関係部局）からの情報収集に努めるとともに，必要な資器材の準備等を行う。

　　・　一消防本部の管轄区域にとどまらず，広域的な発生が考えられることから，生物剤による傷病者の疑いがある場合には，速やかに都道府県に速報するとともに，都道府県は消防庁に速報する必要がある。

　　・　速報を受けた都道府県及び消防庁は，周辺の自治体に対し，情報提供を行うとともに，関係機関への情報提供と対応について協議を行い，当該消防本部に対する助言についても配意する必要がある。

　　・　早期に部隊の増強を要請するが，自己本部のみで対応が不能の場合には，早期に相互応援，緊急消防援助隊の要請などを考慮する。

③　核物質によるテロ

　　・　発生時刻

　　・　火災等の種別

　　・　要救助者数と被爆及び汚染の有無

　　・　火災等の施設名

　　・　消防隊が向かう事業所の入り口名，誘導者名

　　・　消防活動を行う場合の被爆及び汚染の恐れの有無

　　・　燃焼物，火災等の状況

　　・　管理区域の内外及び管理区域への延焼状況

　　・　放射線量率の程度

　　・　放射性物質の拡散危険の有無

　　・　原子力事業者がすでに実施した防護措置，消火等の状況

　　・　消防用設備等の種別及び作動状況

　　・　消防隊が使用可能な測定機器の状況

　　・　情報収集に当たっては，施設責任者等の示す安全な位置で行うこと

第3　用途別情報収集のポイント

　災害現場における情報活動は，建物の用途や施設によって特殊性があり，その実態を具体的に把握することにより効果的な収集，分析ができる。主な情報収集ポイントは，次による。

1 用途別

用途	情報活動の進め方	主な情報源	情報収集ポイント
1 映画館等	1　人命危険を把握する。 2　場内放送設備を活用する。 3　関係者を確保する。	・所有者 ・防火管理者 ・従業員 ・客	1　上映中か 2　観客及び従業員の数 3　避難状況（全員避難したか，逃げ遅れ者がいる場所） 4　非常口（階段の数，位置，使用の可否） 5　客層（団体客，若年層の別等） 6　上演又は催物の内容 7　防火管理の状況
2 キャバレー・遊技場・飲食店等	1　人命危険を把握する。 2　場内放送設備を活用する。 3　関係者を確保する。 4　関係図面を入手する。	・所有者 ・防火管理者等 ・従業員 ・客	1　営業中か 2　客及び従業員の数 3　避難状況（全員避難したか，逃げ遅れ者がいる場所） 4　店内の状況（進入，消火に支障となる物品施設等） 5　非常口（階段の数，位置，使用の可否） 6　改修により図面にない部屋の状況 7　防火管理の状況
3 デパート等	1　人命危険を把握する。 2　情報活動拠点を確保する。 3　通信手段を確保する。 4　自衛消防組織の統括管理者を活用する。 5　ダクト配管図等の図面を入手する。 6　自衛消防隊の活動状況を把握する。 7　改修工事等の実施状況を把握する。 8　催物会場での客層を把握する。	・所有者 ・防火管理者 ・防災センター勤務員 ・警備員 ・自衛消防隊 ・従業員 ・客	1　営業中か 2　おおよその客及び従業員の数（店長等から，男女別数） 3　避難状況（全員避難したか，逃げ遅れ者がいる場所） 4　非常口（階段の数，位置，使用の可否） 5　特に客集めのための催物の状況 6　連絡している地下街，地下鉄，駅等への影響 7　煙等による各階への影響と客等の混乱状況 8　階層別の売場内容 9　防火管理状況

4 旅館・ホテル等	1　人命危険を把握する。 2　宿泊者名簿を確認する。 3　避難者を1か所に集めて確認する。 4　宿泊者以外の利用状況を確認する（パーティー，結婚式等）。 5　館内案内図等の図面を入手する。	・所有者 ・防火管理者 ・自衛消防隊 ・従業員 ・宿泊者	1　宿泊者及び従業員の数 2　避難状況（全員避難したか，逃げ遅れ者がいる場所） 3　客室数 4　旅館等の形態 5　非常口（階段の数，位置，使用の可否） 6　団体客の状況 7　防火管理の状況
5 マンション・アパート等	1　人命危険を把握する。 2　居住者名簿を確認する。 3　避難者を1か所に集めて確認する。 4　ダクト配管図等の図面を入手する。	・所有者 ・管理人 ・防火管理者（該当対象物） ・居住者 ・隣人 ・警察 ・町会役員 ・不動産会社	1　出火当時の部屋別居住者数 2　避難状況（全員避難したか，逃げ遅れ者がいる場所） 3　非常口（階段の数，位置，使用の可否） 4　高層の場合は煙等による影響 5　マスターキーの所在
6 病院等	1　人命危険を把握する。 2　関係者を確保する。 3　入院者名簿により確認する。 4　入院患者の転送先を確認する。 5　関係機関との連携を図る。	・院長 ・防火管理者等 ・病院職員	1　入院患者の状況（自力歩行困難者の病室，数，新生児の病室，数） 2　避難状況（全員避難したか，逃げ遅れ者がいる場所） 3　外来患者及び職員の数 4　病院内の特異性（手術中か，RI，危険物施設の場所と状況） 5　非常口（階段の数，位置，使用の可否） 6　診療科目 7　煙の影響と患者の混乱状況 8　防火管理の状況
7 幼稚園・学校等	1　人命危険を把握する。 2　関係者を確保する。 3　園児，生徒を1か所に集め確認する。 4　家庭連絡網等があれば活用し，行方不明者を確認する。	・学校職員 ・防火管理者 ・保護者 ・教育委員会	1　就学時間中か 2　出火当時の在校生と職員の数 3　避難状況（全員避難したか，逃げ遅れ者がいる場所） 4　在籍者名簿 5　特別支援学級の有無 6　理科室・実験室等の場所と危険物の状況

	5　校内放送設備の活用を図る。		
8 特殊浴場等	1　人命危険を把握する。 2　業種の性格上，避難客の把握が困難なことから，従業員を1か所に集め，従業員から避難状況を確認する。 3　関係者，避難者のプライバシー保護に留意する。 4　フロントで入室状況を確認する。	・所有者 ・防火管理者 ・従業員 ・客	1　営業中か 2　客及び従業員の数 3　避難状況（全員避難したか，逃げ遅れ者がいる場所） 4　部屋数 5　非常口（階段の数，位置，使用の可否） 6　危険物施設，火気設備の概要
9 神社・文化財等	1　歴史的価値（建物，収容物）を把握する。 2　消防用設備等の使用状況を確認する。 3　祭礼，講習会，縁日等の催物を把握する。	・神主 ・僧侶，住職 ・防火管理者 ・自衛消防隊	1　重要文化財の有無と内容 2　本殿，庫裡，宝物殿，社務所等の別 3　宗派
10 航空機	1　航空関係者から機種等の図書を入手する。 2　消防ヘリを活用する。 3　搭乗員を確保する。 4　合同指揮所を開設する。 5　自衛消防隊を活用する。 6　受入れ医療機関情報を把握する。	・搭乗員 ・航空事務所 ・航空機の保有機関等 ・関係機関	1　事故発生位置及び状況（墜落，不時着，器物落下） 2　搭乗人員，名簿の確認 3　傷者の程度等 4　燃料と残量，積載物の確認 5　二次災害発生危険と要因の有無 6　着陸予想時間と進入路の確認
11 地下街等	1　通信連絡体制を確保する。 2　自衛消防隊と連携する。 3　消防用設備等を確認する。 4　延焼経路と人命危険を把握する。	・所有者 ・管理者 ・占有者 ・防火管理者 ・従業員 ・客	1　営業中か 2　客及び従業員等の概数 3　避難状況（全員避難したか，逃げ遅れ者がいる場所） 4　店舗の数 5　非常口（階段の数，位置，使用の可否） 6　地下街へつながる建物への影響 7　防火管理の状況
	1　ヘリコプターを活用する。	・所有者 ・管理者	1　燃えているもの（例：立木，下草等）

	情報活動の進め方	主な情報源	情報収集ポイント
12 山林等	2　通信連絡の途絶を考慮し，無線中継基地を確保する。 3　登山計画書等により入山者を確認する。 4　山林関係者等の地理精通者の協力を求める。	・市町村土木部等 ・現場作業員（林野等での作業者） ・避難者（ハイキング，登山者等） ・森林管理署等	2　避難の状況 3　山の名称と延焼方向 4　延焼拡大防止対策 5　建物への延焼危険 6　消火方法 7　林道等の状況
13 船舶	1　船舶関係者から船体構造，船舶備付け図書（船舶案内図，火災制御図等）を早期に入手する。 2　外国人乗船の場合は，通訳の現場派遣を要請する。 3　国際ＶＨＦ，船舶電話等通報ルートを確保する。 4　関係機関等から積極的に情報収集する。 5　消防ヘリを活用する。 6　被災船の関係者を確保し，消防活動上の助言，協力を得る。 7　合同指揮所を設置し，指揮分担を決定して運営を図る。	・船長 ・機関士，航海士等 ・海上保安部 ・港内交通管制室 ・港湾局 ・警察 ・船舶会社	1　事故概要 2　避難者，要救助者の状況 3　傷病者の発生状況 4　火災発生状況及び油流出状況 5　事故発生海域又は係留地 6　船籍，会社，船名 7　船舶の種別・総トン数・乗船人員 8　積載物品（危険物等） 9　二次災害発生防止のための措置状況 10　消防用設備等の状況 11　関係機関の動向 12　岸からの距離と影響 13　潮位 14　出発港と行先港

2　施設等別

施設	情報活動の進め方	主な情報源	情報収集ポイント
1 中高層建物	1　情報活動拠点を確保する。 2　通信手段を確保する。 3　自衛消防組織の統括管理者等を活用する。 4　ダクト配管図等の図面を入手する。	・所有者 ・（統括）防火管理者 ・防災センター勤務員 ・警備員 ・自衛消防隊	1　各階の用途，名称，区画と使用状況 2　収容人員の概数 3　建物内の催物の有無 4　非常口（階段の数，位置，使用の可否） 5　避難状況（全員避難したか，

	5　自衛消防隊の活動状況を確認する。 6　改修工事等の実施状況を把握する。	・従業員	逃げ遅れ者がいる場所） 6　煙等の影響と混乱状況 7　危険物施設の場所と状況 8　落下危険の状況（窓ガラス，モルタル等）
2 危険物施設	1　施設関係者を確保する。 2　関係機関との連携を図る。 3　自衛消防隊との連携を図る。 4　専門的知識がある者を確保する。 5　警防資料等を活用する。	・所有者 ・危険物取扱者 ・防火管理者 ・警備員（守衛等） ・関係機関	1　危険物の品名，性質，数量，管理の状況 2　漏えい，流出の状況及び人体への影響 3　施設の構造，機能，安全措置の状況 4　二次災害発生危険の有無 5　消防用設備等の設置状況及び作動状況 6　自衛消防隊の活動状況 7　延焼の危険性（付近の危険物の状況） 8　付近への影響 9　避難の必要性，避難先，避難者数
3 毒物・劇物施設	1　施設関係者を確保する。 2　施設の区分，位置，構造，取扱物品等を把握する。 3　消防用設備等，備蓄品を確認する。 4　測定器の活用を図る。 5　貯蔵，運搬容器を確認する。 6　住民に対する周知，徹底を図る。	・所有者 ・管理者 ・従事者（研究員，毒物劇物取扱責任者） ・近隣者 ・関係機関	1　漏えい，流出範囲の状況 2　毒・劇物の品名，性質，数量 3　付近の被害状況 4　避難の必要性，避難先，避難者数 5　警戒区域の設定状況 6　人体への影響 7　二次災害発生危険の有無 8　施設事業所の作業状況
4 電気施設	1　停電による影響を把握する。 2　消火設備（不活性ガス消火設備等）の作動状況を確認する。 3　燃焼実体を確認する。 4　関係機関との連携を図る。	・所有者 ・管理者 ・従事者（電気主任技術者等） ・電力事業者	1　事故概要 2　送電線，地下ケーブルの対応策 3　変電設備等高圧機器の対応策 4　一般屋内電力の対応策 5　電路の遮断，通電状況

	5 電圧（低圧，高圧，特別高圧）の種別を配線形状等で確認する。		
5 ガス施設等	1 警戒区域を確認する。 2 ガスの遮断状況を確認する。 3 関係機関との連携を図る。 4 気象，地形，地物を考慮した活動拠点を設定する。 5 測定器を使用した情報収集を実施する。	・所有者 ・管理者 ・従業員 ・居住者 ・近隣者 ・ガス事業者 ・関係機関	1 漏えい状況及び範囲 2 ガス種別及び性質 3 緊急遮断措置の状況 4 二次災害発生危険の有無 5 避難の必要性，避難先，避難者数 6 付近の被害状況 7 施設事業所の作業状況
6 RI施設	1 施設関係者から汚染，拡散の危険を確認する。 2 放射線危険区域を確認する。 3 二次災害発生防止を図る。 4 必要な資器材を使用して確認する。 5 関係者に技術的助言を要請する。	・所有者 ・管理者 ・従事者（研究員，放射線取扱主任者等） ・近隣者 ・関係機関	1 事故発生時の状況 2 放射性物質の貯蔵取扱施設の状況 3 汚染範囲及び危険区域の状況 4 測定機器の管理と測定状況 5 避難の必要性，避難先，避難者数
7 電車等（地下鉄を含む。）	1 脱線，転覆，衝突等事故概要を把握する。 2 周囲建物への延焼拡大危険を確認する。 3 二次災害発生防止の措置状況を確認する。 4 鉄道関係者，駅ビル関係者との連携を図る。	・鉄道事業者 ・駅長，駅員等 ・運転手，車掌等	1 電車の運行状況（運転を停止しているか，時間帯，運休本数） 2 乗客及び構内の客数 3 避難，混乱の状況 4 地上へ通じる階段数（使用の可否） 5 煙の状況 6 構内とつながる建物への影響 7 排煙口及び消防隊の進入できる場所 8 電車の発駅，行先 9 送電状況 10 二次災害発生防止のための措置状況 11 貨物の内容（危険物等の確認）

8 集団行動等	1 警察と連携を図る。 2 警察への届出状況を確認する。 3 消防ヘリを活用する。	・警察	1 集団行動の目的 2 デモのコース等 3 参加者数及び団体の性格等 4 行動状況等 5 事件の内容 6 損害程度 7 死傷者の有無 8 二次災害発生危険の有無	

第4 災害時機別情報収集項目

1 署隊本部

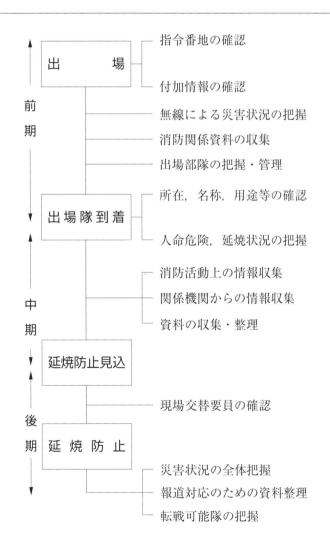

② 指揮本部指揮隊

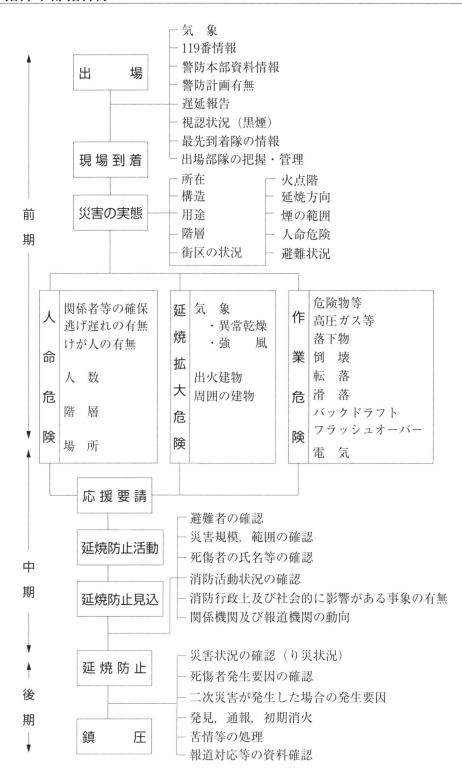

3 情報指揮隊

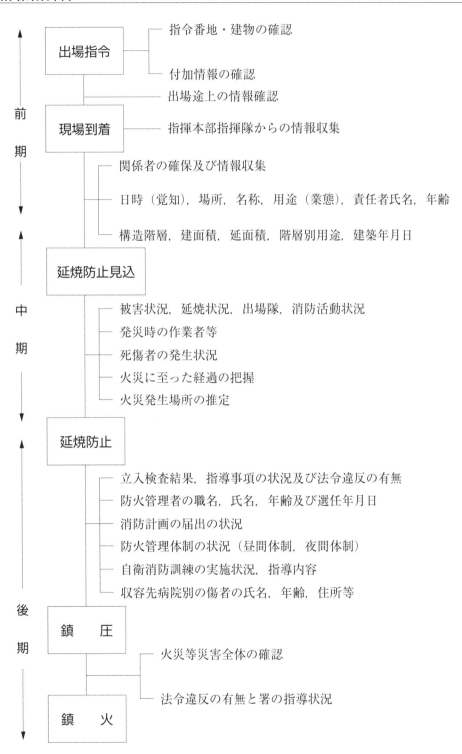

前
期

| 出場指令 ┬ 指令番地・建物の確認
| └ 付加情報の確認
| ─ 出場途上の情報確認
| 現場到着 ─ 指揮本部指揮隊からの情報収集
| ┬ 関係者の確保及び情報収集
| │ 日時（覚知），場所，名称，用途（業態），責任者氏名，年齢
| └ 構造階層，建面積，延面積，階層別用途，建築年月日
| 延焼防止見込
| ┬ 被害状況，延焼状況，出場隊，消防活動状況
| │ 発災時の作業者等

中
期

| │ 死傷者の発生状況
| │ 火災に至った経過の把握
| └ 火災発生場所の推定
| 延焼防止
| ┬ 立入検査結果，指導事項の状況及び法令違反の有無
| │ 防火管理者の職名，氏名，年齢及び選任年月日
| │ 消防計画の届出の状況
| │ 防火管理体制の状況（昼間体制，夜間体制）
| │ 自衛消防訓練の実施状況，指導内容
| └ 収容先病院別の傷者の氏名，年齢，住所等

後
期

| 鎮　圧
| ┬ 火災等災害全体の確認
| └ 法令違反の有無と署の指導状況
| 鎮　火

4 消防隊

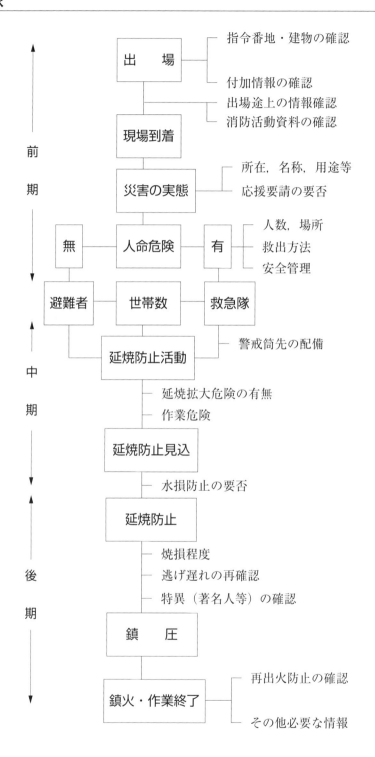

5 救急隊

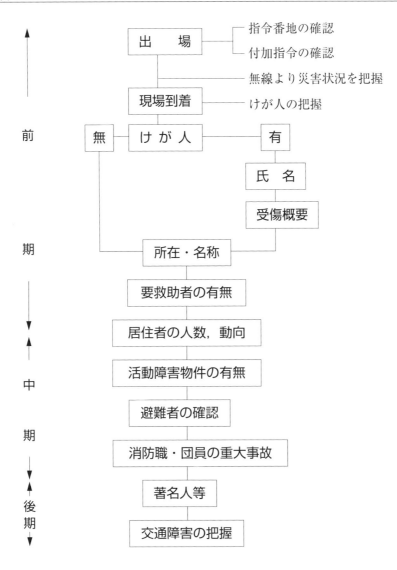

第 3 章

広　報，報　道

　災害現場は時々刻々変化し，情報が乱れ飛ぶ。指揮者等が現場で対応する内容は極めて膨大であり困難な場合が多い。

　ここでは，災害現場において指揮本部長等が近隣住民，報道機関への対応を行う場合に少しでも役に立ち，より適切な対応ができるようにその内容を具体的に記したので，消火活動や人命救助，さらには災害の実態を正しく伝え，今以上に消防機関の威信を高揚させ，住民への訴求力を高めるための参考とされたい。

図7　現場広報の目的

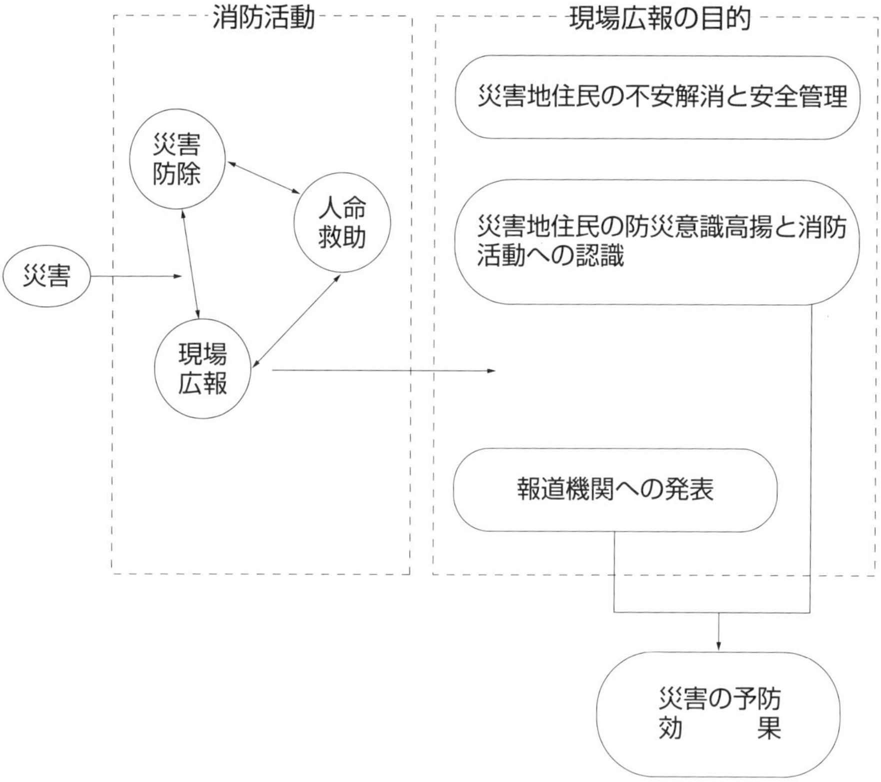

第1節 現場広報

第1 総 論

　災害現場における広報の目的は，災害の発生やその推移，終息，見込み，消防活動の状況について，周辺住民等に対する直接的な周知や報道機関を通じた周知を行うことにより，災害によって発生する公共の危険や社会不安を取り除くとともに，報道を通じて消防の行政目的に対する公共の理解と協力を得ることにある。

　本節は，指揮本部長等が周辺住民や報道機関に対して災害の実態を正確かつ迅速に周知し，都民の安全・安心を確保できるよう効果的な広報活動に資するためのものである。

第2 現場広報

■1 現場広報の実施者

　現場広報は，指揮本部長が消防活動の時期に応じて適時適切な職員を指定して実施する。

■2 現場広報の手段

　車載拡声器やトランジスタメガホン等，同時に多数の周辺住民，通行者等に対して効果的に呼び掛けることができる手段を選択する。

■3 消防活動上必要な広報

　消防活動上の障害の排除，災害現場付近の安全確保を呼び掛けること及び関係者に対して情報提供や協力を求めることを目的に，次の時期において実施する。

⑴ **出場途上における途中引揚げ**

　　出場途上において，途中引揚げとなった場合は，緊急走行から通常走行に移行する旨を周囲の交通へ明確に周知する。

(2)　**火災警戒区域又は消防警戒区域の設定及び解除をするとき**

　　付近住民に対し，各警戒区域の設定及び解除について広報を実施する。

　　各警戒区域の設定時は，その理由及び区域等について明確に周知するとともに，消防法施行規則第48条で定める者以外の者の退去等を具体的に指示する。

(3)　**関係者に対する協力要請が必要なとき**

　　逃げ遅れや活動危険に係る情報提供を求める必要がある場合は，災害の関係者や関係機関に対して呼び掛けを実施する。

(4)　**周辺住民等に危険が及ぶ可能性があるとき**

　　急激な延焼拡大，建物の倒壊，危険物の爆発等，災害の拡大により周辺住民等に危険が及ぶ可能性がある場合は，周辺住民等に対して注意喚起するとともに，災害が発生している建物や区域から十分離れるよう指示する。

(5)　**交通規制の周知が必要なとき**

　　災害による交通規制について，周辺住民，歩行者，現場付近の運転手等に対し，交通規制及び消防活動への協力について呼び掛けを実施する。

　　また，関係機関との連携を密にし，交通規制解除の見込み等についても具体的に広報する。

4　周辺住民等に対する情報提供

　災害の関係者や付近住民等に対し，災害の実態や消防活動の経過及び状況について，災害の状況変化の都度，段階的な広報を実施する。

　この際，住民の不安や不満を取り除くことができるよう，消防隊の活動内容や災害の終息に向けての見込み等について具体的に広報する。

5　災害予防のための広報

　周辺住民等が災害に目を向けている機会を捉え，同種災害の発生防止，消防行政への協力について呼び掛ける。

6　現場広報文例

　現場広報の文例は，次のとおり

時　期	現場広報文例
出場途上における引揚げ	「こちらは○○消防署です。消防隊は○市○町の火災通報現場に向かっておりましたが，火災でないことが判明しましたので，現時点をもって通常の走行に移ります。ご協力ありがとうございました。」
各警戒区域の設定及び解除	「消防隊が消火活動を実施しています。現場付近は大変危険であるため，警戒区域を現場から半径100mに設定します。関係者以外の方はこの区域に立ち入らないようご協力をお願いいたします。」 「○区○町○丁目○番○号の火災は鎮火しました。警戒区域を設定しておりましたが，○時○分をもって立入規制を解除しました。まだ多数の消防車両が停車中ですので，付近通行時には十分ご注意ください。」
関係者の確保等	「こちらは○○消防署です。消防隊が到着しました。通報された方，この建物に関係する方は，消防隊までお越しください。」 「○○アパートの居住者の方は，旗が立っている指揮本部までお集まりください。」 「現場付近の皆様にお願いいたします。現在，消防隊が○○さんを捜しています。ご存じの方がいらっしゃいましたら，旗が立っている指揮本部又は近くにいる消防隊員までお知らせください。」 「消防隊の指揮本部を○○商店の脇に設置しています。この火災で逃げ遅れた方や行方の分からない方をご存じの方は，至急，指揮本部又は消防隊員にお知らせください。」 「この火災を発見又は119番通報された方，その方を知っている方は，指揮本部又は近くにいる消防隊員までお知らせください。」
活動状況等	「こちらは○○消防署です。付近の皆さんにお願いいたします。現在○市○町○丁目○番地で火災が発生しています。この火災に消防車が○台出場して消火活動に当たっています。現場付近は大変危険ですので近づかないようお願いいたします。」 「現場付近には多数のホースがありますので，つまずかないようご注意ください。また，消火栓付近も大変危険ですので，近づかないようお願いいたします。」 「現在，地下室が燃えており，消防隊員が消火活動を続けています。消火までに時間がかかる見込みですので，もうしばらくご

	協力をお願いいたします。」 「火災現場の東（西，南，北）側にガスボンベがあり，爆発の危険があります。現在，消防隊が放水により冷却作業を実施しています。万一に備え警戒線から遠くに離れてください。」 「火災がこれ以上拡大するおそれはなくなりました。消火活動で水が飛ぶことがありますので，建物付近では十分ご注意ください。」 「この火災は鎮火しましたのでご安心ください。現場付近はまだ混雑しており危険ですので，消防職員，警察官の指示に従って警戒区域の外でお待ちください。」
ぼや火災 非火災 注意喚起等	「○市○町○丁目○番地の火災は，ぼやで鎮火しました。現在，○○消防署で原因を調査中です。最近，この地域一帯で頻繁に不審火と思われる火災が発生しております。家の周囲に燃えやすい物を置かないように整理，整頓し，火災予防にご協力ください。」 「こちらは○○消防署です。この付近で火災通報がありましたが，火災ではありませんでした。ただいま，○○地方に乾燥注意報が発令されております。空気が非常に乾燥しておりますので，各ご家庭，事業所におかれましては，火の取扱いには十分ご注意ください。」
その他の事故等	「この付近の工事現場で発生したガス漏れは，現在ガス会社により緊急遮断作業を実施していますが，ガスを止めるまでに約10分かかります。ガス爆発の危険がありますので，消防法に基づき，火気の使用を禁止いたします。しばらくの間ご協力をお願いいたします。」
交通規制	「現場付近の皆様にお願いします。現在，火災により○○通りは，全面通行止めが行われており，車両の通行はできません。警察官等の指示に従ってご通行ください。」 「現場付近の皆様にお知らせします。火災により○○通りは，全面通行止めが行われておりましたが，間もなく解除される予定です。もうしばらくの間ご協力をお願いいたします。」

第2節　報道対応

第1　報道の意義

　災害現場等における報道対応の重要性は，突発的に発生する各種災害に対し，消防活動と報道対応とを一体となって行うことにより，社会公共の不安や危険を一刻も早く取り除き，住民の安全を確保し，平常の社会環境を取り戻すところにある。

　一般的には，行政機関は住民に対して行政内容を正しく知らせる義務があるが，災害現場等においても現場広報や報道対応により災害実態を正しく住民に知らせることは，同種災害の予防と警戒心の高揚を図ることとなり，さらには広く消防に対する理解と協力を訴える絶好の機会であることを理解すべきである。

　現代社会では，報道対応の成否が消防活動や消防行政全般に及ぼす影響は極めて大きいものがある。

　適切で素早い情報収集や報道対応は，消防活動と同等の重要な任務であり，いかなる災害においても報道機関を通して，消防の行政目的と住民のために活動する消防の姿を積極的にアピールすることが大切である。

第2　災害現場における報道対応

1　災害現場における報道対応要領

(1)　災害現場における取材対応

　　災害現場における取材対応は，次の事項に留意して実施する。

　①　報道関係者に対する報道発表は，指揮本部長が指定した現地幕僚等が実施するものとし，指定された職員が継続して対応することにより情報提供者の一元化を図る。

② 報道発表又は取材対応を行う場合は，消防活動に支障をきたさない場所で行う。

③ 継続的な報道発表が必要な場合は，次回の発表時間及び実施場所を明確に示すとともに，発表時間を告知した場合にはその時間を厳守する。

また，告知した時間に発表ができない場合は，早急にその旨を報道機関に伝え，新たな発表時間を告知する。

④ 公表できない内容について取材があった場合には，明確にその理由を示すとともに毅然とした態度で対応する。

⑤ 活動隊員等に対して記者から直接取材があった場合は，その場での対応はせず，取材があった旨を指揮本部長等に報告する。

⑥ 確定していない情報について質問された場合は「確認中」とし，確定してから発表することを原則とする。

また，焼損面積等の確定していない情報を提供する場合は，「○時○分現在までの情報によると」などの前置きを入れるなど，現時点において把握している情報であることを明確に示す。

⑦ 情報源及び報道発表の責任の所在を明確にするため，発表時には，必ず「○○消防署調べ」又は「○○消防署発表」のように消防署名等を前置きして発表する。

報道発表用記入シートの様式例を表11に示す。

⑧ 報道発表者は，自信を持って丁寧に対応する。

表11　報道発表用記入シート様式例

令和　　年　　月　　日　　時　　分　第1報　　　　　　　○○消防本部○○○○−○○○○　内線○○○○
確認者　　　　消防署署隊本部統括班長

火 災 概 要　　　東 京 消 防 庁 （　　　　消 防 署 ）調 べ

	月　　日（　）	火災を消し止めた	出場別		管轄署		消防署
覚 知	時　　分（　）	時間 時　分	第 1 ・ 第 2 第 3 ・ 第 4		電 話		

	場　　　所						
火 元	建 物 名 称	責任者（職業・氏名・年齢）	構　　造	階層	用 途	焼 損 面 積 等	
類 焼							

計　　　　棟　　　　㎡（全・半・部分・ぼや）　　　　火元世帯＝　　世帯　名

消 防 隊 の 活 動 内 容	消防署等から特別消火中隊を含む　　隊（台）を出場させ、消火活動に当たりました。火元建物から逃げ遅れた　性　名を救出し、医療機関へ搬送しました。	
出 火 箇 所 原 因 等	消防署で調べ中です。	
死　　　者	職 業・氏 名・年 齢 等	傷 病 名（程 度）等
傷　　　者		
発　　　見		
通　　　報		
初 期 消 火		
そ の 他		

(2)　情報提供の範囲

　　　災害現場における報道機関に対する情報提供の範囲は，次のとおりとする。

【凡例】○：提供可能な情報

　　　　△：広報課又は関係各課と協議し提供について判断する情報

　　　　－：提供しない情報

情報提供の項目	情報提供の可否	備　　考		
時間経過	○	覚知から鎮火までとする。		
覚知の別	○	**火災等の覚知区分**		
		区　分	内　　容	
		１１９（報知電話）	119番回線によって，消防機関が火災等の通報を受信したもの	
		警察電話	警察機関との間に設けた専用回線により，消防機関が火災等の通報を受信したもの	
		加入電話	消防機関が加入電話により火災等の通報を受信したもの	
		専用電話	消防機関及び警察機関以外の行政機関又は公共企業との間に設けた専用電話により，消防機関が火災等の通報を受信したもの	
		駆　付	通信機器を用いず，発見者等が直接消防機関に火災等を通報してきたもの	
		そ　の　他	上記以外の方法により，発見又は受信したもの	
		事後覚知	住民等により，鎮火された後に消防機関が発見し，又は通報を受信したもの	
火元建物	所　在	○		
	名　称	○		
	構　造	○		
	階　層	○		

	用　　途	○	
	建・延面積	○	
	占有面積	—	
類焼建物	名　　称	○	
	構　　造	○	
	階　　層	○	
	用　　途	○	
	建・延面積	○	
	占有面積	—	
火元責任者	氏　　名	○	
	性　　別	○	
	年　　齢	○	
	職　　業	△	問合せがあった場合に，必要に応じて提供する。
	世　帯　数	○	
	世帯人員	○	
焼損面積		○	
焼損程度		○	全焼・半焼・部分焼・ぼやの別を提供する。
焼損物件		○	
災害状況		○	
二次災害の発生危険		○	
発見・通報	状　　況	○	
	性　　別	○	
	職　　業	△	問合せがあった場合に，必要に応じて提供する。
	年　　齢	○	
一般人の人命救助		○	個人情報を除き，事実を広報する。
逃げ遅れ		○	
救助（避難誘導）状況	状　　況	○	
	性　　別	○	
	年　　齢	○	
	傷　病　名	—	
	程　　度	—	

	発見場所	○	
	避難手段	○	
死傷者	住　　所	△	火元居住者の場合のみ提供する。
	氏　　名	死者のみ ○	原則として，火災による死者のみ提供可とする。それ以外は，社会的影響等を考慮し，提供を検討する。
	性　　別	○	
	年　　齢	○	
	職　　業	△	問合せがあった場合に，必要に応じて提供する。
	傷 病 名	―	
	程　　度	―	
	けがの部位	○	
	意識レベル	○	
	死亡確認時刻	―	
	発生状況	△	煙を吸った，初期消火中に受傷，自力避難中に転倒し受傷など，傷病者の状況が分かりやすい場合に限る。
	発生場所	△	階層，部屋番号などを提供する。
	搬送病院	―	現場指揮本部等で搬送病院の情報提供可否を判断するのは困難であるため，提供しない。
	搬送の有無	○	
管轄署名		○	
出場種別		○	
出場隊数		○	
消防隊の活動		○	
出火場所		△	原則として調査中とし，明らかな場合であっても断定的な表現はしない。
火災に至った経緯		△	原則として調査中とし，明らかな場合であっても断定的な表現はしない。
消防用設備等の設置，作動及び活用		○	
気象状況		○	

⑶　個人情報等の保護

　　付近住民等による携帯端末等を活用した写真撮影，情報の拡散や報道機関への情報提供が容易に行われていることから，災害現場における携帯型端末装置，出場指令書，現場用手帳，メモ等個人情報を含むものは管理を徹底する。特に現場指揮板の記載内容は，個人情報を多く含んでいることを念頭に置き，関係者以外の目に触れることがないよう十分配意する。

⑷　テレビカメラ，新聞社カメラの取材可能範囲

　　災害の推移，様態により異なるため，状況に応じて関係機関と協議して取材可能範囲を決定する。

　　また，取材中の報道機関であっても，消防活動の障害となる場合や報道機関に危険が及ぶ可能性がある場合は，取材範囲を制限する。

⑸ 発表内容の訂正

　報道発表した内容に誤りがあることが判明した場合は，次のとおり速やかに訂正する。

① 公表した報道機関全てに対して，責任をもって連絡し，訂正する。

② 訂正は，誤りが判明した時間，経過等を明確にした上で実施する。

③ 報道発表に訂正があった事案は，広報・報道担当部署へ連絡する。

広報・報道担当部署

⑹ 報道責任

　報道された内容に対する報道責任は報道機関側にあるが，情報提供側も情報の正確性の確保や個人情報の保護について配意する。

⑺ 締切時間

　新聞社の朝刊，夕刊の締切時間は次のとおりであるが，情報提供は一刻も早い方が望ましい。締切時間が迫り時間に余裕がない場合は，矢継ぎ早に質問をしてくるので，公表できる内容を素早くとりまとめて判明している範囲内で要領よく対応すること。

　　・　朝刊の最終締切時間……おおむね午前1時30分

　　・　夕刊の最終締切時間……おおむね午後1時30分

(8)　関係機関が必要とする消防情報

　　　現場で関係機関が必要とする消防情報は，時間経過，焼損床面積，死傷者の状況及び搬送病院名，延焼中の建物内の状況である。

　　　要求があった場合は，これらの情報を関係機関へ提供することを考慮するとともに，消防が必要とする情報を関係機関から収集すること。

　　　なお，出火建物関係者，住民等の情報は，出火原因の究明もさることながら，逃げ遅れた者の検索等消防活動上の重要情報に関係があり，特に責任者から情報収集する場合は，これらを理由に現場で関係機関とともに実施すること。

2 署隊本部等における報道対応

　災害現場以外の場所における取材の対応窓口は，広報・報道担当部署に一元化する。

　署隊本部等に対して報道機関から取材があった場合は，広報・報道担当部署の連絡先を報道機関に案内するとともに，その旨を広報・報道担当部署に連絡する。

　不審と思われる場合は一旦電話を切り，こちらから電話をかけて相手を確認する等の配意をする。

3 特異な災害に対する報道対応

　社会的に大きな影響がある災害においては，過去の災害事例，行政上の問題点等についての取材が予想されるが，これらは広報・報道担当部署での発表等により対応する。

　また，不適切な消防活動があった災害，社会的に問題となる対象物の災害，犯罪性の強

い災害等は，正確な情報を速やかに収集し，災害等の実態をつかみ，報道機関からの取材があることを想定して関係課等と連携し対応する。

④　災害広報の体制等

東京消防庁では，次のとおり報道対応を行っている。

(1)　**広報課の体制**

①　災害現場広報支援

　一定規模以上の災害又は多くの報道関係者の取材が予想される災害等の場合には，広報課三部制勤務者が出場し，広報支援を行っている。

②　災害等の電話取材対応

　報道機関側が災害発生を認知した場合には，電話による取材又は災害実態により記者自身が本部庁舎（広報課）にかけつけ取材を行っており，これに対し広報課員が対応している。

③　その他

　特異災害又は大規模災害等が発生し，通常の体制では対応できない場合には，部内及び関係各部の要員を充当し，取材対応等を行っている。

(2)　災害現場広報

　　現場では，現場指揮本部等と連携を密にして情報の収集に当たるとともに，現場における報道機関への情報提供等が円滑に行われるように広報支援活動を実施している。

(3)　災害広報

　　広報課員が出場しない災害であっても，報道機関からの電話取材があるため，広報課では総合指令室，消防無線，署隊本部，現場電話等から情報を入手し，取材対応を行っている。

(4)　重要情報に対する対応

　　最近は住民の価値観の多様化や権利意識の高まり等により，思いもよらないところから問題が発生する。

　　また，新宿歌舞伎町火災では消防法令等の改正及び各種の対策がとられたが，この事例のように災害によっては大きく消防行政に影響すること等から，現場において消防行政上重要と思われるような情報がある場合には速やかに上司に報告し指示を受け，対応内容，対応窓口を決定し対応する。

図8　消防行政上重要事案発生時の対応フロー

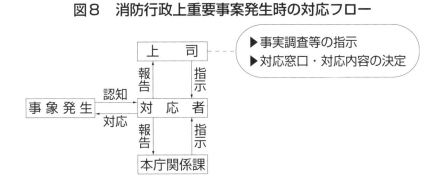

(5) 救急事故に対する取材対応

　救急業務は，住民の生命・身体に直接関わりがあり，住民の日常生活に密着した消防行政である。

　これを円滑に推進するためには，住民の理解と協力を得ることが大切である。

　救急業務の報道対応は，災害等の報道対応と基本的には何ら異なることはないが，特にプライバシーに関わる事案が多いことから，傷病者等の人権に対する十分な配慮が必要である。

　救急体制や救急活動，救急業務の実態を住民に知らせ，住民のための救急業務であることの理解をさらに進めるため，次の事項について広報活動を展開する必要がある。

① 救急車の適正利用について

② 応急救護知識，技術の普及及び救急施策

③ 類似事故等の防止

④ 上記①，②，③は積極的に報道対応し，それ以外の救急事案は，原則として取材があった場合，広報課報道係と協議し，対応を検討する。

⑤ いずれの場合も，救急隊員が直接対応することは避ける（業務に支障が出るおそれあり。）。

⑥ 屋内（不特定多数の人の目に触れない場所）で発生した事案の内容のうち，事故概要，傷病程度及び傷病者氏名については公表しないものとする。

第3　報道対応上の心構え

1 事前の準備

① 関係書物等による広報・報道のあり方についての知見の拡充

② 「プライバシー」「少年法」の研究

③ 過去の未確定事実公表における判例の研究（第3章第2節第4参照）

④　社会の動向と消防行政の現状把握

⑤　危機管理の対応の研究

⑥　報道機関の報道体制システムの把握と報道機関に対する苦手意識の排除

⑦　相手を説得する話し方や写真撮影技術の向上の研究

⑧　報道対応資料の整備と対応資器材の整備充実

⑨　広報技術の教育訓練の充実

② 報道対応時の心構え

①　火災に至った経過については，調査によって明らかにするものなので，公表しないものとする。

②　報道された内容に対する報道責任は，一般的に報道機関側にあるが，情報提供側も情報の正確性やプライバシー等の内容についても，配意することが必要である。

　　したがって，訂正は速やかに行うことや，注釈をつけることなどは大切なことであり，未確認事項は，その旨をはっきり伝え誤解が生じないようにする。

③　治外法権が該当する場所の火災は，消火活動に関する範囲について対応する。その他は，大使館側等と協議する。

④　発表者は，多数の死傷者が発生した災害や焼損面積が非常に大きい火災，また，防火管理及び消防用設備等に関係した重大な問題があると思われる災害等，社会的に大きな影響が予想される場合で，報道関係者から上記内容の質問が数多く予想される場合は，後刻記者会見を行う等の検討を行い指揮本部長等へ意見具申をする。

　　この場合，現場広報課員等と連携を密にする。

⑤　発表者は，消防隊員に重大な事故が発生した場合，関係各課と連携を密にするとともに，現場における情報管理を徹底し，発表内容（発表範囲）及び取材対応（対応者，場所）について検討を行い，指揮本部長等へ意見具申をする。

⑥　現場消防隊員等は，付近住民の流言を聴きつけた報道関係者から，消防活動上の内容（例えば，到着が遅かった，水の出るのが遅かった，火点を通り越した等）について取材があった場合は，即答は避けるとともに取材者名及び取材内容について，速やかに指揮本部長へ報告するものとする（所属教養において，周知徹底を図っておく。）。

⑦　消防活動に対し，住民はもとより報道関係者も注目していることを考慮し対応する。

⑧　報道機関の反応に注意する（どのようなことを取材しようとしているのかを言動等から察知する。）。

⑨　氏名等は，間違いが多いので注意する。

　　漢字，読み方，生年月日を必ず確認する。当該者が文字を書くことができる場合には，本人に書かせることも考慮する。また，区（市）役所及び捜査機関からも確認する。

⑩　消防専門用語を使わない（分かりやすく説明する。）。

⑪　プライバシー，名誉等，人権に関係すると思われる内容については，その旨を報道機関によく説明してから発表する。

　　「この部分は，プライバシーに抵触すると思われるので注意してください。」等の注釈を必ずつける。

◎報道責任＝報道機関
　情報提供＝消防情報
　　　　　　警察情報

⑫　未成年者の場合は，少年法の精神を踏まえて氏名等は公表しない。しかし，少年の善行，災害の被害者の場合は，公表して差し支えない。

⑬　要配慮者の場合は，焼死者となった場合でも，障害内容の公表は避けるべきで，単に氏名，年齢の発表を行う。

⑭　公人や著名人は，一般人と比較しプライバシーの範囲が限定される。

3　必要情報

①　場所の所在，建物名称，構造，階層，用途

　　（○○寿司屋，○○荘など具体的な俗称，通称の通り名等）

②　逃げ遅れの有無，危険物，爆発物及びRＩ物質等の有無

③　火元責任者の氏名，年齢，世帯，人員

④　被害の状況，延焼状況の把握，延焼方向

⑤　出場種別，出場部隊数

⑥　消防活動の状況（救助，防ぎょ，傷病者の救急搬送等）

⑦　出火当時の在住人員，避難（誘導等）の状況

⑧　焼損程度（全焼，半焼，部分焼，ぼや等）面積，類焼建物関係

⑨　発見状況，通報状況，初期消火状況

⑩　焼死者の場合は，氏名（責任者との関係），年齢（生年月日），職業，発見場所，状態（全身火傷，うつぶせ等）

⑪　受傷者の意識レベル等

⑫　一般人の功労等

⑬　消防部隊の顕著な消火，救助活動状況（消防隊が消防用設備等の活用によって奏功した内容）

4　現場の報道発表体制の確立

①　発表を行う場合は，指揮本部の指揮活動に影響のない場所を選定する。この場合，消防活動及び交通事情等も考慮し，事故防止に配意する。

②　事前準備

・　発表する内容としない内容について検討し，情報を整理する（この場合，指揮本部長の指示を受けること。）。

・　災害の問題点を把握する（消防行政に重大な影響を及ぼすもの)。

・　質問に対応するため，情報担当等を発表場所に招集することを考慮する。

・　取材可能地域の指定や制限について検討する。

・　報道機関の取材は，現場，本部，管轄署にもあることを考慮し，発表内容の統一を期するよう配意する。

③　捜査関係者が現場にいる場合は，捜査関係者と発表内容を調整することも考慮する。

④　災害の問題点等に対するコメントについては，関係各課と連絡を密にし，発表の形式，内容について検討する。

5 現場の報道対応フロー

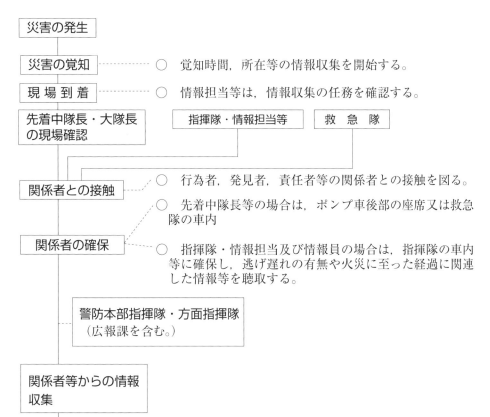

```
災害の発生
   │
災害の覚知 ········· ○  覚知時間，所在等の情報収集を開始する。
   │
現場到着 ········· ○  情報担当等は，情報収集の任務を確認する。
   │
先着中隊長・大隊長        指揮隊・情報担当等      救急隊
の現場確認
```

○ 行為者，発見者，責任者等の関係者との接触を図る。

関係者との接触

○ 先着中隊長等の場合は，ポンプ車後部の座席又は救急隊の車内

関係者の確保

○ 指揮隊・情報担当及び情報員の場合は，指揮隊の車内等に確保し，逃げ遅れの有無や火災に至った経過に関連した情報等を聴取する。

警防本部指揮隊・方面指揮隊
（広報課を含む。）

関係者等からの情報収集

○ 留意事項
  ・ 情報の正確性に留意する。
  ・ 氏名や見取図は関係者に書かせる。
  ・ 関係者が不在の家屋が延焼している場合には，表札等を見て氏名や番地を判断する。
  ・ 昼間の場合は区（市）役所に問い合わせる。
  ・ 共同住宅の場合には，管理人や大家から収集する。商売をしている家屋の場合には，取引をしている業者を手がかりにする。
    （例　おしぼり業者，プロパンガス業者，米屋など）
○ 初期における情報収集項目
  情報指揮隊並びに指揮本部指揮隊の情報担当及び情報員は，関係者等から次に掲げる項目について情報収集を行う。
  1　現場の所在，建物名称，構造，階層，用途
    （○○寿司屋，○○荘など具体的に）
  2　出火場所の推定，火災に至った経過，延焼状況
  3　逃げ遅れの有無，危険物・爆発物及びＲＩ物質等の有無
  4　火元責任者の氏名，年齢，職業，世帯，人員
  5　死傷者の有無

災害現場状況の把握

1　被害の状況，延焼の状況（場所，延焼方向等）
2　出場種別，出場隊数
3　消防活動の状況（救出救助，防ぎょ，傷病者の救急搬送等）

報道発表体制の確立及び報道内容の調整

○　報道関係者に対する発表者（以下「発表者」という。）は，指揮本部長が指定した責任ある者とする。
○　発表者は，発表に備えるため，情報指揮隊長等の招集を行うなどして情報収集の進行状況を把握するとともに，収集要員が不足している場合の要員確保及びその要員に対する任務分担の付与を行い，情報収集項目の充足を期す。
○　発表者は，広報課員が到着した場合には，連携を密にする。

第1回目報道発表の予告

○　発表者は，早い時期に第1回目報道発表の予告（拡声器等を活用）を行う。
　〔予告例〕
　「報道関係者にお知らせします。現在までの火災概要を発表しますので，○○にお集まりください。」

警防本部への報告

○　報道機関の取材は，本庁にも必ずあることから，指揮本部長等は，現地での発表前又は発表後に発表内容を速やかに本庁へ即報するとともに，管轄署へ連絡を行い，指揮本部と本庁及び管轄署との情報（発表内容）の統一を期すよう配意する（第2回目以降の報道発表についても同様とする。）。

第1回目報道発表

○　第1回目の発表は，速報的内容であり，仮に初期における情報収集項目が充足されなくても，一斉発表を行い，個別の報道対応は避けるようにする。
○　発表時には，必ず「○○消防署発表」「○時○○分現在の状況」のように消防署名と発表時刻を前置きして発表内容に入る。併せて発表者・職名等も伝える。
○　報道関係者が多数の場合又は喧噪を極める現場では，拡声器の使用等も考慮する。
○　報道内容の一貫性を保つため，発表者は災害情報収集管理表に記入する等して発表する。
○　第1回目の発表以降は，災害の推移，収集内容の変化等を踏まえた中間発表を随時行う。

第2回目報道発表の予告

　　○　発表者は，情報収集の時間を考慮し，発表時刻を予告する。
　　○　一斉発表を原則とするが，報道関係者は個々に参集するので，場合によっては個別対応することもやむを得ないが，一斉発表を行う旨を伝える。

第2回目報道発表

　　○　中期以降における情報収集項目
　　　発表者は，次に掲げる項目について情報収集ができたものから順次第2回目，第3回目，第4回目という形で報道発表していくこととする。
　　1　出火当時の在住人員，避難（誘導）の状況
　　2　焼損程度（全焼，半焼，部分焼，ぼや等），面積，類焼，建物関係
　　3　発見状況，通報状況，初期消火状況
　　4　焼死者の場合は，氏名（責任者との関係），年齢（生年月日），職業，発見場所，状態（全身火傷，うつぶせ等）
　　5　一般人の功労等
　　6　消防部隊の消火，救助活動状況
　　7　傷病者のおおよその程度・意識の有無等
　　8　火災以外の災害については，概要についてまとめる。
　　○　発表者は，報道関係者からの質問項目で，不明の内容は，早期に情報収集し発表するように心掛ける。

最終発表

　　○　発表者は，前回の発表時までに不明であった内容等については，最終的にまとめて発表するように配意する。

第4 報道対応事例

1 「職業」を誤って報道され責任者から苦情があった事例

・ アパート火災で責任者のいない部屋から出火，責任者の氏名は判明したものの，職業についてはアパート住民からの聞込み（いつも，ふらふらしている）から暫定的に「無職」とした。

その後の調査から「会社員」と判明したが，新聞には「無職」と記載されてしまった。このことから，責任者が報道機関に対して記事の訂正を求めてきた。

反省事項

・ 情報収集方法に適切さを欠いた。

・ 「会社員」と判明した時点で広報課等へ連絡しなかったため，報道機関に対して訂正できなかった。

・ 当然「無職」と掲載した新聞社に責任があるものの，消防と報道機関との信頼関係が薄れた。

・ 確認がとれない場合は，「職業は調べ中」として対応すべきであった。

2　出火場所を誤認した事例

- 　1階がA印刷所とB印刷所で2階がアパートとなっている建物から出火，消防ではA印刷所が火元であると現場で発表し，マスコミもそのように報道した。翌日の調査の結果で火元はB印刷所と判明，A印刷所では報道機関に社会的に不利益を受けたとして訂正を申し入れてきた。

反省事項

- 　現場で確認できる「焼損箇所」については発表できるが，調査の結果判明する「出火箇所」については発表しないこと。

3　A男が愛人B子に冷たくされたため，遺書を残し同居しているB子宅で灯油を
かぶり放火自殺を図り，1棟を全焼，A男が焼死した事例

対　応

・　自殺が明らかな場合は，発表は控える。発表する場合には，火災の事実のみの対応と
する。
・　出火原因（自殺）は公表しない。

4　死者の氏名の誤認事例

- 　A社の従業員寮が全焼し，従業員2名が焼死した。新聞やテレビでは，消防発表により焼死した従業員2名の氏名も入れて，火災をその日の夕刊等で報道した。しかし，その後の調べから，焼死した2名のうち1名は別人（寮に遊びにきていた友人を従業員と誤ったもの）であることが判明した。

反省事項

- 　火災等で発見された死者の氏名を公表する場合は，関係者の面通し，あるいは警察の確実な情報がある場合でも，全て「○○○とみて調べ中」などと推定で対応すべきであった。
- 　逃げ遅れ情報は，消防隊が完全に確認するまで「いる模様」，「確認中」として対応すること。

5 特異火災で専門技術の高さと火災予防が報道された事例

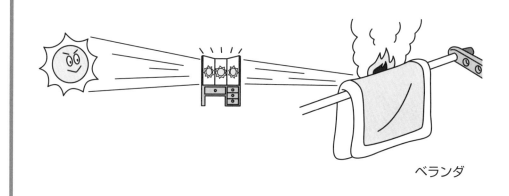

ベランダ

・ 晴天の日，マンション3階のベランダに干してあった布団が突然燃え出した。

　この火災では，出火当時誰もいなかったことから，消防署では火災原因に疑問を持ち，本部の調査員等を要請し原因を究明した。その結果，室内にある三面鏡に当たった光が干してあった布団に当たり，収れん現象となり出火したものであった。

　この火災は，どこの家庭でも起こり得る火災である。また，予想もしない出来事であったため，報道機関に大きく取り上げられた。

　このような報道は，所轄消防署をはじめ調査担当の火災原因調査技術の高さをアピールし，類似火災の防止等に大きく貢献することができる。

6　プライバシーに優越して事実を公表する場合の事例

対　応

・　死者以外については，一般的職業名（会社員等）・男女別・年齢の範囲内で公表する。

・　ラブホテル等の関係者（責任者は除く。）についても，これに準じて対応すること。

・　ラブホテルやソープランド等，特殊な場所の場合，一般的には利用している事実を他人に知られたくないことであり，プライバシーの保護という点から傷者についての氏名等の公表は「会社員男性（20代）」など本人と推測できない範囲で公表する。死者の場合は，通常，職業・氏名・年齢を公表するが，場所等を考慮し，傷者と同様の対応にすることも検討する。

7　知的障害者・難病患者が関係した火災事例

・　精神科病院火災

　　S区B町　A病院　耐火5階建3階物品室15㎡焼損

　　入院患者1名を消防隊が救助したが，「女性（30代）」として対応した（傷者は氏名を公表しない。）。

・　要配慮者（筋ジストロフィー）の寝たばこで住宅火災

　　通常の火災と同様に対応した。既往症は非公表とし，火災の経過については「調査中」として対応した。

対　応

・　死者及び傷病者の既往症等は公表しない。

・　福祉施設等の火災でも，死者の氏名・年齢は原則公表するが，施設の状況によっては公表について検討する必要がある。

8　大使館でのぼや火災の事例

○○年○月○○日　Ｓ区　耐火５階建　事務所併用住宅５階の倉庫５㎡焼損

［公表内容］

・　覚知から鎮火までの時間経過

・　場所

・　建物構造・階層・用途

・　責任者

・　焼損物・焼損程度

対　応

・　治外法権対象物であるが，消火活動に関する事実関係については公表してよい。ただし，消防と大使館側で協議の上，公表範囲が決定すればその内容についてのみ公表して差し支えない。

　　なお，大使館側から報道対応しないよう要請があった場合には，これを理由に大使館側に報道対応を委ねること（大使館員が住む一般住宅火災もこれに準ずること。）。

4訂版
災害時の情報活動マニュアル
消防職員のための広報・情報管理

昭和63年9月30日	初 版 発 行
平成16年9月30日	2 訂 版 発 行
平成23年12月10日	3 訂 版 発 行
令和3年6月10日	4 訂 版 発 行
令和5年10月1日	4訂版2刷発行

監修／東京消防庁
発行／公益財団法人　東京連合防火協会
　　　東京都千代田区大手町1-3-5　東京消防庁内
　　　〒100-8119・TEL 03(3212)4010
東京法令出版株式会社

112-0002	東京都文京区小石川5丁目17番3号	03(5803)3304
534-0024	大阪市都島区東野田町1丁目17番12号	06(6355)5226
062-0902	札幌市豊平区豊平2条5丁目1番27号	011(822)8811
980-0012	仙台市青葉区錦町1丁目1番10号	022(216)5871
460-0003	名古屋市中区錦1丁目6番34号	052(218)5552
730-0005	広島市中区西白島町11番9号	082(212)0888
810-0011	福岡市中央区高砂2丁目13番22号	092(533)1588
380-8688	長野市南千歳町1005番地	

〔営業〕TEL 026(224)5411　FAX 026(224)5419
〔編集〕TEL 026(224)5412　FAX 026(224)5439
https://www.tokyo-horei.co.jp/

© Printed in Japan, 1988
　本書の全部又は一部の複写，複製及び磁気又は光記録媒体への入力等は，著作権法上での例外を除き禁じられています。これらの許諾については，当社までご照会ください。
　落丁本・乱丁本はお取替えいたします。

ISBN978-4-8090-2495-5